教師教育テキストシリーズ 2

教職論

岩田 康之・高野 和子 編

学文社

■執筆者■

三輪　定宣	千葉大学（名誉教授）	[序]
＊岩田　康之	東京学芸大学	[第1, 2, 11章]
伏木　久始	信州大学	[第3章]
佐藤　千津	東京学芸大学	[第4章1, 2]
吉岡真佐樹	京都府立大学	[第4章3-5]
＊高野　和子	明治大学	[第5章]
久保富三夫	立命館大学	[第6章]
北神　正行	国士舘大学	[第7章]
紅林　伸幸	常葉大学	[第8章]
浜田　博文	筑波大学	[第9章1-3]
牛渡　淳	仙台白百合女子大学	[第9章4, 5]
矢野　博之	大妻女子大学	[第10章]

（執筆順／＊印は第2巻編者）

まえがき

　この『教職論』は「教師教育テキストシリーズ」の第 2 巻として刊行され，主に教育職員免許法施行規則第 6 条附表にある第 2 欄科目（教職の意義等）に相当する授業のテキストとしての使用を想定した一冊となっている。

　本文中（第 1 章）にもあるとおり，「教職の意義等」に関する科目は 1998 年の教育職員免許法改正で新設され，おおむね 2000 年度の大学入学者から必修化された。その趣旨に照らして教員養成教育の比較的早い段階（おおむね大学の 1・2 年生）の履修が望ましいとされている。それから十年あまり，われわれ編者も国立教員養成系大学（岩田）・私立一般大学（高野）のそれぞれの現場で，この科目の授業を担当してきている。そこでわれわれは，教職への憧れや意欲に満ちて大学に入ったものの，授業のなかで現代の教職を取り巻く複雑かつ困難な状況を学ぶにつれて，その憧れや意欲を萎えさせていく多くの若者たちを目の当たりにしてきた。単なる憧れだけで現実を知らずに教職についてほしくはない，かといって複雑で困難な現実に打ちのめされて教職への学びから去っていってほしくもない。さらにその先，一皮むけて「にもかかわらず私は教職に就きたい」というタフで有能な教職志望者や，教師の仕事を理解して学校・社会を支える良識ある市民たちを送り出して将来への希望をつなぎたい……そんな教師教育者 (teacher educators) としての思いから，本書は編まれている。

　近代社会に生きる人々は，誰しもが教師という存在に出会い，人格形成上の少なからぬ影響を受けた経験をもつ。それゆえ教師をめぐる言説は巷にあふれているが，それらの多くは個人的・断片的になされるがゆえに「いったい教師とは何なのか」というまとまったイメージを得るのが難しい。そうしたなかでこれからの「教師」を構造的にとらえる視点と方法について扱ったのが，主に

本書の第1章・第2章である。続く第3章では教育現場で働く「教師」以外の人々との関係から、第4章では諸外国の教師たちとの対比から、第5章では労働力市場全般との関係から、これからの日本で学校の教師になることの意義や課題を照射している。それらを踏まえて第6章〜第8章では主に、日本の学校で教師として仕事をしていく実際のありようが詳述されている。

　本書の企画に先だって編者2人が相次いで日本教師教育学会の事務局長を務めたこともあって、同学会で活躍中の第一線の研究者たちに執筆をお願いすることとなった。そのため、とくに大学入学後間もない学修者にとっては、難解に感じられる部分も少なくなかろう。本書をテキストとした授業が終わり、単位を得た後も、折に触れて自らの教職へのキャリア・教職としてのキャリアを省察するよすがとして活用してほしい。そのようなことも意識して、第9章以下では、そもそも教師教育が「大学」という場で行われていることの意義を確認したうえで、免許状取得〜入職段階での振り返り（「省察」＝reflection。これは2010年度新入生から導入された「教職実践演習」の内容にも通じる）や、教師として行う実践、さらには入職後のキャリア形成といった課題のとらえ方にも言及している。

　本書を通じて「いったい教師とは何なのか」という問いに対する自分なりの解を求め、「学び続ける教師」としてのあゆみに本書を役立てていただければ編者としてはたいへんうれしく思う。

第2巻編者　岩田　康之
　　　　　　高野　和子

目　次

まえがき

序　教師と教育学 ——————————————————————— 7

第1章　教育学と教職論 ————————————————————— 14

　　1　教育学研究における「教師」　14
　　2　職業教育としての教職論　19
　　3　教員免許状授与の「開放制」　25

第2章　教職への視線 ————————————————————— 31

　　1　教師に対する社会的な視線　31
　　2　教師への要請　36
　　3　さまざまな教師像　41
　　4　社会人としての教師と職業倫理　44

第3章　子どもの学びを支える人 ————————————————— 49

　　1　子どもたちが「学校」で出会う人　49
　　2　子どもの「放課後」にかかわる人たち　61
　　3　学校の「先生」に求められる視野　67

第4章　日本の学校教師，その特性 ———————————————— 71

　　1　学校の変化と教師の「専門性」の変容　71
　　2　比較教育的視点からみる教師
　　　　——イギリスのプロフェッショナル・スタンダードをめぐって　75

3　日本の教師の役割と教師像の特徴　80

　　4　職務の「無境界性」「無限定性」
　　　　——日本の学校教師がかかえる特有の問題　82

　　5　学校組織・運営の日本的特徴と教師　86

第5章　労働力市場のなかの教職　　94

　　1　教職につくルート　94

　　2　データで読む日本の教職　98

　　3　教員採用——教職へのリクルート　102

第6章　学校教師という仕事　　112

　　1　教師の一日　113

　　2　教科指導　119

　　3　教科外指導と学校運営　121

　　4　新たな教師像——teacher から facilitator/coordinator へ　124

　　5　教師集団と保護者　126

第7章　学校教師の勤務と職能成長(1)——組織のなかの教師　　131

　　1　教員の服務と規律　131

　　2　教員の分限と懲戒　133

　　3　教員の研修　136

　　4　教員評価の現状と課題　139

　　5　教員の勤務実態——多忙状況の解消に向けて　142

第8章　学校教師の勤務と職能成長(2)——集団のなかの教師　　145

　　1　学校教師の歩みと教職アイデンティティ　145

　　2　教師の歩みと協働　150

3　協働的な教育を担う教師　155

第 9 章　教職への学び(1)──学問性と実践性────────────159

　　1　「大学における教員養成」の意義
　　　──教員養成の使命は「"即戦力"の育成」だけではない　159
　　2　教員養成の歴史的難題
　　　──「教員になるための教育」をいかに創るか　162
　　3　大学における教員養成カリキュラムの構造と問題　165
　　4　教育実践とその評価　169
　　5　教育実践と教育実習　174

第 10 章　教職への学び(2)──教員養成の学び全体から考える────181

　　1　教師教育における「理論」と「実践」　181
　　2　実践をどのように意味づけるか
　　　──現場体験のもたらす可能性　183
　　3　「省察」と教師の成長
　　　──「習うより慣れ」を超えて　185

第 11 章　学びつづける教師────────────────191

　　1　教師としての成長　191
　　2　「ノン・マニュアル」としての教師　195
　　3　公教育の「システム」と教師　197

索　引────────────────────────201

序　教師と教育学

1　本シリーズの特徴

　この「教師教育テキストシリーズ」は，教師に必要とされる教職教養・教育学の基本知識を確実に理解することを主眼に，大学の教職課程のテキストとして刊行される。

　編集の基調は，教師教育学（研究）を基礎に，各分野の教育学（教育諸科学）の蓄積・成果を教師教育（養成・採用・研修等）のテキストに生かそうとしたことである。その方針のもとに，各巻の編集責任者が，教育学各分野と教師・教職との関係を論じた論稿を執筆し，また，読者の立場から，全巻を通じて次のような観点を考慮した。

① 教育学テキストとして必要な基本的・体系的知識が修得できる。
② 教育諸科学の研究成果が踏まえられ，その研究関心に応える。
③ 教職の責任・困難・複雑さに応え，専門職性の確立に寄与する。
④ 教職，教育実践にとっての教育学の重要性，有用性が理解できる。
⑤ 事例，トピック，問題など，具体的な実践や事実が述べられる。
⑥ 教育における人間像，人間性・人格の考察を深める。
⑦ 子どもの理解・権利保障，子どもとの関係づくりに役立つ。
⑧ 教職員どうしや保護者・住民などとの連帯・協働・協同が促される。
⑨ 教育実践・研究・改革への意欲，能力が高まる。
⑩ 教育を広い視野（教育と教育条件・制度・政策，地域，社会，国家，世界，人類的課題，歴史，社会や生涯にわたる学習，などとの関係）から考える。

教育学研究の成果を，教師の実践的指導やその力量形成，教職活動全体にど

う生かすかは，教育学界と教育現場の重要な共同の課題であり，本シリーズは，その試みである。企画の性格上，教育諸学会に属する日本教師教育学会会員が多数，執筆しており，将来，医学界で医学教育マニュアル作成や教材開発も手がける日本医学教育学会に類する活動が同学会・会員に期待されよう。

2 教職の専門職制の確立と教育学

　近代以降，学校制度の発達にともない，教師の職業が公的に成立し，専門的資格・免許が必要とされ，公教育の拡大とともに養成期間の長期化・高学歴化がすすみ，近年，「学問の自由」と一体的に教職の「専門職」制の確立が国際的趨勢となっている（1966年，ILO・ユネスコ「教師の地位に関する勧告」6，61項）。その基調のもとに教師の専門性，専門的力量の向上がめざされている。

　すなわち，「教育を受ける権利」（教育への権利）（日本国憲法第26条，国際人権A規約第13条（1966年））の実現，「個人の尊厳」に基づく「人格の完成」（教育基本法前文・第1条，前掲規約第13条），「人格の全面的発達」（前掲勧告3項），「子どもの人格，才能並びに精神的及び身体的な能力をその可能な最大限度まで発達させる」（1989年，子どもの権利条約第29条）など，国民全体の奉仕者である教師の重要かつ困難な使命，職責が，教職の専門職制，専門的力量の向上，その学問的基礎の確立を必要としているといえよう。とりわけ，「真理を希求する人間の育成を期する」教育において，真理の探究をめざす「学問の自由」の尊重が根幹とされている（教育基本法前文，第2条）。

　今日，21世紀の「知識基盤社会」の展望のもとで，平和・人権・環境・持続的開発などの人類的課題の解決を担う民主的市民の形成のため，生涯学習の一環として，高等教育の機会均等が重視され（1998年，ユネスコ「21世紀に向けた高等教育世界宣言」），各国で「教育最優先」が強調されている。その趨勢のもとで各国の教育改革では教職・学校・自治体の自治と責任が増大し，教師は，教育改革の鍵となる人（key actor）として，学校外でも地域社会の教育活動の調整者（co-ordinator），地域社会の変革の代行者（agent）などの役割が期待されている（1996年，ユネスコ「教師の地位と役割に関する勧告」宣言，前文）。そのよ

うな現代の教職に「ふさわしい学問的・専門的能力を備えた教師を養成し，最も適格の青年を教職に惹きつけるため，教師の教育者のための知的挑戦プログラムの開発・提供」が勧告されている（同1・3・5項）。その課題として，教員養成カリキュラム・授業の改革，年限延長，大学院進学・修学の促進などを基本とする教師の学問的能力の向上方策が重要になろう。

　教職の基礎となる学問の分野は，通常，一般教養，教科の専門教養，教育に関する教職教養に大別され，それらに対応し，大学の教員養成課程では，一般教養科目，専門教育科目，教職科目に区分される。そのうち，教職の専門職制の確立には教職教養，教育学が基礎となるが，各領域について広い学問的知識，学問愛好の精神，真理探究の研究能力，批判的・創造的・共同的思考などの学問的能力が必要とされる。

　教育学とは，教育に関する学問，教育諸科学の総称であり，教育の実践や事実の研究，教育的価値・条理・法則の探究などを課題とし，その成果や方法は，教育の実践や事実の考察の土台，手段として有効に生かすことができる。今日，それは総合的な「教育学」のほか，個別の教育学（〇〇教育学）に専門分化し多彩に発展し，教職教養の学問的ベースは豊富に蓄積されている。教育研究者は，通常，そのいずれかに立脚して研究活動を行い，その成果の発表，討論，共同・学際的研究，情報交換，交流などの促進のため学会・研究会等が組織されている。現場教師もそこに参加しており，今後，いっそうすすむであろう。教職科目では，教育学の成果を基礎に，教職に焦点化し，教師の資質能力の向上や教職活動との関係が主に論じられる。

　以下，教職教養の基盤である教育学の分野とそれに対応する学会例（全国規模）を挙げ，本シリーズ各巻名を付記する。教職教養のあり方や教育学の分野区分は，「教師と教育学」の重要テーマであるが，ここでは概観にとどめる。

　A．一般的分野
　① 教職の意義・役割＝日本教師教育学会【第2巻・教職論】
　② 教育の本質や理念・目標＝日本教育学会，日本教育哲学会【第1巻・教育学概論】

③ 教育の歴史や思想＝教育史学会，日本教育史学会，西洋教育史学会，教育思想史学会【第3巻・教育史】

④ 発達と学習＝日本教育心理学会，日本発達心理学会【第4巻・教育心理学】

⑤ 教育と社会＝日本教育社会学会，日本社会教育学会，日本生涯学習学会，日本公民館学会，日本図書館学会，全日本博物館学会【第5巻・教育社会学，第6巻・社会教育】

⑥ 教育と行財政・法・制度・政策＝日本教育行政学会，日本教育法学会，日本教育制度学会，日本教育政策学会，日本比較教育学会【第7巻・教育の法と制度】

⑦ 教育と経営＝日本教育経営学会【第8巻・学校経営】

⑧ 教育課程＝日本カリキュラム学会【第9巻・教育課程】

⑨ 教育方法・技術＝日本教育方法学会，日本教育技術学会，日本教育実践学会，日本協同教育学会，教育目標・評価学会，日本教育工学会，日本教育情報学会【第10巻・教育の方法・技術】

⑩ 教科教育法＝日本教科教育学会，各教科別教育学会

⑪ 道徳教育＝日本道徳教育学会，日本道徳教育方法学会【第11巻・道徳教育】

⑫ 教科外活動＝日本特別活動学会【第12巻・特別活動】

⑬ 生活指導＝日本生活指導学会【第13巻・生活指導】

⑭ 教育相談＝日本教育相談学会，日本学校教育相談学会，日本学校心理学会【第14巻・教育相談】

⑮ 進路指導＝日本キャリア教育学会(旧進路指導学会)，日本キャリアデザイン学会

⑯ 教育実習，教職関連活動＝日本教師教育学会【第15巻・教育実習】

B. 個別的分野(例)

① 国際教育＝日本国際教育学会，日本国際理解教育学会

② 障害児教育＝日本特別支援教育学会

③ 保育・乳幼児教育＝日本保育学会，日本乳幼児教育学会，日本国際幼児学会
④ 高校教育＝日本高校教育学会
⑤ 高等教育＝日本高等教育学会，大学教育学会
⑥ 健康教育＝日本健康教育学会

　人間は「教育的動物」，「教育が人間をつくる」などといわれるように，教育は，人間の発達，人間社会の基本的いとなみとして，人類の歴史とともに存続してきた。それを理論的考察の対象とする教育学のルーツは，紀元前の教育論に遡ることができるが，学問としての成立を著者・著作にみると，近代科学革命を背景とするコメニウス『大教授学』(1657年) 以降であり，その後のルソー『エミール』(1762年)，ペスタロッチ『ゲルトルート児童教育法』(1801年)，ヘルバルト『一般教育学』(1806年)，デューイ『学校と社会』(1899年)，デュルケーム『教育と社会学』(1922年) などは，とりわけ各国に大きな影響を与えた。

　日本では，明治維新の文明開化，近代的学校制度を定めた「学制」(1872年) を契機に西洋の教育学が移入されたが，戦前，教育と学問の峻別や国家統制のもとでその発展が阻害された。戦後，1945年以降，憲法の「学問の自由」(第23条)，「教育を受ける権利」(第26条) の保障のもとで，教育学の各分野が飛躍的に発展し，教職科目・教養の基盤を形成している。

3　教員免許制度と教育学

　現行教員免許制度は，教育職員免許法 (1949年) に規定され，教員免許状授与の基準は，国が同法に定め，それに基づき大学が教員養成 (カリキュラム編成とそれに基づく授業) を行い，都道府県が免許状を授与する。同法は，「この法律は，教育職員の免許に関する基準を定め，教職員の資質の保持と向上を図ることを目的とする」(第1条) と規定している。

　その立法者意思は，学問の修得を基礎とする教職の専門職制の確立であり，現行制度を貫く基本原理となっている。たとえば，当時の文部省教職員養成課長として同法案の作成に当たった玖村敏雄は，その著書で次のように述べてい

る。

　「専門職としての医師がこの医学を修めなければならないように，教育という仕事のために教育に関係ある学問が十分に発達し，この学問的基礎に立って人間の育成という重要な仕事にたずさわる専門職がなければならない。人命が尊いから医師の職業が専門職になって来た。人間の育成ということもそれに劣らず貴い仕事であるから教員も専門職とならなければならない。」「免許状」制は「専門職制の確立」をめざすものである（『教育職員免許法同法施行法解説』学芸図書，1949年6月）。

　「大学において一般教養，専門教養及び教職教養の一定単位を履修したものでなければ教職員たるの免許状を与えないが，特に教育を専門職たらしめるものは教職教養である。」（「教職論」『教育科学』同学社，1949年8月）。

　現行（2008年改正）の教育職員免許法（第5条別表）は，免許基準として，「大学において修得することを必要とする最低単位数」を定め，その構成は，専門教養に相当する「教科に関する科目」，教職教養に相当する**「教職に関する科目」**及び両者を含む「教科又は教職に関する科目」である。教諭一種免許状（学部4年制）の場合，小学校8，**41**，10，計59単位，中学校20，**31**，8，計59単位，高校20，**23**，16，計59単位である。1単位は45学修時間（講義・演習は15〜30時間），1年間の授業期間は35週，学部卒業単位は124単位と定められている（大学設置基準）。

　同法施行規則（第6条付表）は，各科目の修得方法を規定し，「教職に関する科目」の場合，各欄の科目の単位数と「各科目に含めることが必要な事項」が規定されている。教諭一種免許状の場合，次の通りである。

　第2欄「教職の意義等に関する科目」（「必要な事項」；教職の意義及び教員の役割，教員の職務内容，進路選択の機会提供）＝各校種共通2単位

　第3欄「教育の基礎理論に関する科目」（同；教育の理念と歴史・思想，学習と発達，教育の社会的・制度的・経営的事項）＝各校種共通6単位

　第4欄「教育課程及び指導法に関する科目」（同；教育課程，各教科・道徳・特別活動の指導法，教育の方法・技術〔情報機器・教材活用を含む〕）＝小学校22単位，

中学校12単位，高校6単位

　第4欄「生徒指導，教育相談及び進路指導等に関する科目」(同；生徒指導，教育相談，進路指導)＝各校種共通4単位

　第5欄「教育実習」＝小学校・中学校各5単位，高校3単位

　第6欄「教職実践演習」＝各校種共通2単位

　現行法は，1988年改正以来，各教職科目に相当する教育学の学問分野を規定していないが，欄ごとの「各科目に含めることが必要な事項」に内容が示され，教育学の各分野(教育諸科学)との関連が想定されている。

　1988年改正以前は，それが法令(施行規則)に規定されていた。すなわち，1949年制定時は，必修科目として，教育心理学，児童心理学(又は青年心理学)，教育原理(教育課程，教育方法・指導を含む)，教育実習，それ「以外」の科目として，教育哲学，教育史，教育社会学，教育行政学，教育統計学，図書館学，「その他大学の適宜加える教職に関する専門科目」，1954年改正では，必修科目として，同前科目のほか，教材研究，教科教育法が加わり，それ「以外」に前掲科目に加え，教育関係法規，教育財政学，教育評価，教科心理学，学校教育の指導及び管理，学校保健，学校建築，社会教育，視聴覚教育，職業指導，1959年改正で必修科目として，前掲のほか道徳教育の研究が，それぞれ規定されていた。各時期の教職科目と教育学各分野との法的な関連を確かめることができよう。

　教員養成・免許の基準設定やその内容・程度の法定は，重要な研究テーマである。その視点として，教職の役割との関連，教職の専門職制の志向，教育に関する学問の発展との対応，「大学における教員養成」の責任・目的意識・自主性や「学問の自由」の尊重，条件整備などが重要であり，時代の進展に応じて改善されなければならない。

教師教育テキストシリーズ編集代表
三輪　定宣

第1章 教育学と教職論

1 教育学研究における「教師」

1 「提供する側」から教育をとらえる

　教職課程での教育学関係科目の多くは，人間（主に初等・中等教育の対象となる幼児・児童・生徒＝ここではまとめて「子ども」と呼ぶ）の発達の実相をそれぞれの視角や方法からとらえることを基本としている。しかしながらこの「教職論」で扱うことがらは，そうした多くの教職科目とは逆のベクトルをもっている。教育学と教職論の関係を大ざっぱに見ると，①「人の育ち」はいかなるものか，という教育の本質に関わる問い（教育本質論）を出発点として，②その「人の育ち」の多様なプロセスのうちで公教育システムの初等・中等教育が担うべきものは何か，という問い（公教育論・学校論）を媒介として，③その初等・中等教育の現場に教師として職業的に関わる者はいかにあるべきか，という問い（教師論・教職論）に至る，という構造になる。そのなかで，有り体にいえば「教職論」とは，教育を「提供する側」からとらえ直す試みなのである。このとらえ直しは，教職に至る学びに不可欠な「学ぶ側」から「教える側」への転換にも通じる。

　巷に教師の在り方を論じる言説は多いが，そのなかには「提供する側」の都合だけで語られていたり，あるいは自らの立論に都合のいい一部の「子ども」だけしか見ないで語られていたりするものも相当にある。そうした「ニセモノ」に惑わされないためには，教師の在り方を「子ども」とつなげて考えること，そして社会全体の「子ども」を見据えながら考えていくこと，が肝要である。この「教職論」で学ぶことの中心はそこにある。

2 教師と教員

　学校で教える人について，日本語では「教師」と「教員」という2つの語がある。どちらも英語にすれば「teacher」であり，また日本以外の漢字文化圏においても，2つの語が併用されている例は珍しい。

　語源をたどれば，「師」の部首である「帀」は軍勢の先頭の目印を指し，転じて「率いる」「指導する」の意味をもつ。一方「員」の部首である「貝」は古くは貨幣の代用だったことから「数量」を意味する。それゆえ，「教師」は質的なニュアンスを帯び，「教員」は量的なニュアンスを帯びる。

　日本語の文脈のなかでは，たとえば「熱血教師」「問題教師」のように，主に個別の質的な面を問題にするときには「教師」という語が，「教員採用」「教員研修」のように，ある程度の量的なまとまりをもつ社会的な文脈で言及するときには「教員」という語が，それぞれよく用いられる。

　実際，ある時期までは，「教師」と「教員」の語の間にははっきりとした区分が存在していた。よく知られているように，日本近代の高等教育は基本的に欧米からの学問の移入をベースに成立している（たとえば東京大学の源流のひとつは「蕃書調所」である）が，佐藤秀夫によれば明治半ば頃までの日本の高等教育機関では，御雇外国人教師のみが「教師」とされ，他の教授要員が「教員」とされ，給与等の待遇も大きく異なっていたという。その背景には，「教師」が「『真理』を能動的に提示する人」であるのに対し，「教員」が「受動的にその伝達あるいは普及にのみつとめる」「多数にしてごく普通な教授担当者」であるという意味的な違いがあった[1]のである。

　現在においては，こうした区分はかつてほど明確ではなくなっているが，学校で教職にある者を研究的にとらえる際，「教師」という語で主に言い表される側面と，「教員」という語で主に言い表される側面とがあることには，注意を要する。本書では「教師」「教員」の2つの語が登場するが，このニュアンスの違いを踏まえて読んでいくとよいだろう。

3　社会システムとしての教員

　日本の場合，幼稚園・小学校・中学校・高等学校・特別支援学校の教諭免許状と，養護教諭，栄養教諭の免許状は，原則として大学の教職課程において所定の単位を取得することで認定される。これらの「学校」については学校教育法の第一条に定められていることから，「一条校」と呼ばれている。また，それぞれの免許状に関わる基礎資格や，大学で取得すべきとされる単位については，教育職員免許法や同法施行規則に定められている。

　この類の規定は，どの近代国家にもある。後述するように，近代国家とは多くの市民がある一定レベルの知識や技能を共有することで成り立つものであり，それゆえそれぞれの政府は，何歳から何年間どういう種類の学校に通い，何をどのように学ぶか，といった学校に関する規定を設ける。そしてそれは，学校において子どもたちにその知識や技能を身につけるべく導く者（つまりは教員）を一定の規模で必要とすることになる。学校の教員たちが公務員と位置づけられ，外国籍の者の就労が制限されている例は日本に限らず多くの地域[2]に見られるが，それは「教員」が「国家」から自由でないことの現れである。政府の定める学校で，政府の定める教員が一定期間提供する学校教育を修了したと認められた者は卒業資格を得ることができ，それは国家資格の受験要件などにつながることになる。

4　実践者としての教師

　しかしながら，ある子どもがさまざまな知識や技能を獲得していくプロセスと，そこへの指導者の働きかけのありようは，必ずしもシステムの如何に関わらない。学校での授業でわかりにくかったところが塾や予備校など，公教育システムの外にある「教師」の働きかけによって解決し，子どもの学習への意欲が増す場合は往々にしてある。あるいは，現在の沖縄県にあたるエリアは1972年5月15日以前はアメリカの統治下にあったが，その日を境にして沖縄の子どもたちの学びが断絶したわけではなく，沖縄の教師たちの実践は連続した営みとして続いているのである。

表1.1 教職をとらえる「視点」

個別的		全体的
教師	親和的なターム	教員
主に質的・個別的側面	着眼	主に量的・社会的側面
授業づくり・教科教育 生徒指導（生活指導） 教師のライフコース etc.	主なトピック	養成・採用・研修システム 免許制度，資質向上策 教育を取り巻く環境 etc.
教育方法学，教科教育学など	研究手法	教育経営学，教育行政学など

　子どもに対する教師の指導的な働きかけをとらえる際の基本は，本章の冒頭にも述べたように，「子どもが何を学ぶべきか」（$α$）を見据え，そこから「そのために教師はどう働きかけるべきか」（$β$）を考えていくことにある。この（$α$）は，時代や社会のありようによって異なる。そして日本での「学習指導要領」のように，その時々での（$α$）の公約数的な部分（教科の枠組み，教育内容等）について政府が設けるガイドラインや，それぞれの子どもを取り巻く環境のありようによって（$β$）は変わってくる。

　それゆえ，教師の仕事をとらえる際は，個々の教師が個々の子どもに対して行う実践のレベルと，それを取り巻く社会システムのありようとの両面（表1.1参照）に目配りをしていく必要がある。そして，教師のありように関する研究へのアプローチは，「教育学」のさまざまな分野で用いられている研究方法を，時には併用しながら取り組んでいくことになる。

5　「よい教師」イコール「よい教育効果」ではない

　教師の仕事をとらえるのは単純ではない。「反面教師」という言葉もあるとおり，他人の悪い行いがプラスの教育的な効果をもつこともある。いわゆる「指導力不足教員」は確かに問題ではあるが，時には「この先生に教わっていたらダメだ」と子どもたちが発奮して，自ら学び・自ら考える力を養う契機になる，ということもあり，逆に過剰な指導が子どもの自立を妨げることもありうるの

だ。教員の指導力全般を向上させることは重要な課題であり，そのための養成・採用・研修のシステムの改善は不断に行われるべきであるが，それで教育問題がすべて解決する，と考えるのは単純に過ぎる。授業のなかでも，子どもたちのディスカッションが未熟な言葉で続いて教師にはもどかしく感じられても，敢えて積極的に口を挟まずに「待ち」の姿勢を採った方が，子どもたちの理解が深まる結果を生むことがある。「優秀な教師による熱心な指導」が「よい教育効果」に直結するわけではない。

　教師による指導は，ある程度までは定式化することが可能であるが，それを過信すべきではない。ある場面で効果を発揮した指導を，別の類似の場面で行っても同じ効果を生むとは限らない。子どもと教師たちの個々の関係性や周囲の環境によって，教師の働きかけの影響は異なってくるのである。

6　「教師」を研究的にとらえる

　日本で「教師」の在り方をテーマに据えた学会が創設されたのは1990年代のことで，日本教師教育学会（1991年）と日本教師学学会（1998年）が相次いで設立されている。これら2つの学会は，ともに組織戦略上の思惑もあってか，「教師」を単にいわゆる「一条校」のそれに限らず広くとらえようとしている。前者は「わたくしたちは「教師」という言葉に，学校の教職員はもとより，社会教育や福祉・看護・医療・矯正教育などに携わるさまざまな分野の教育関係者を含めて考え」[3]，後者は「学校教育における教師研究の実践的学術的知見はもとより，学校教育以外の成人の教育，企業，芸能，技芸，スポーツ等さまざまな領域分野で行われてきた文化や技術，わざや知恵の伝承や人材の養成における「教える人＝教師」に関するフィールドの知を交流し，結合する」[4]をそれぞれその創設の趣旨に謳っている。実際，日本教師学学会の創設時のシンポジウムには裏千家の茶道家が招かれ，話題を呼んだ。

　しかしながら，その後の「教師」に関する研究動向は，こうした学会の思惑とは裏腹に，学校（いわゆる「一条校」）の教師たちの授業実践等の営みを主な対象として展開されてきている。これは，公教育システムに関わる教師の営みに

関しては豊富な資料がある（それ以外の「教える人」についてはあまり整っていない）という資料的な制約と，逆に公教育システム外の「教師」たちを含めて研究の文脈に乗せる方法論が見出しにくいという研究方法的な制約との2つによるものと見られる。「小学校教員の養成」と「予備校教師の育ち」と「茶道家の歩み」を括る研究方法論を見出すことは，これまでの教育学には困難だったのである。

とりあえず，免許状をもって公教育システムを担う教員の存在を軸に「教師」を研究的にとらえてみよう。それ以外にも，教育的営為に職業的に従事する人はあまたあるが，それらとのつながりを考えていく視点は，前述のとおり，「子どもは何を学ぶべきか」を見据えていくことにある。

2 職業教育としての教職論

1 「職業としての教師」の成立

学校の教師が，社会的な職業として成立するのは，基本的には近代国家の成立とほぼ同時のことである。もちろん，前近代にも自分以外の子どもの成長のサポートを専らに担う人の存在はあった。平安時代の古文にしばしば登場する「乳母（めのと）」とは，貴族の子どもの養育係を意味する。乳母には同年代の子をもつ教養ある女性が任用され，文字どおり乳を与えて自分の子とともに育てる（乳兄弟＝めのとご）だけでなく，基本的な生活習慣や字の読み書きなどを教えてもいた。あるいは中世ヨーロッパの貴族の家庭においては，個人的に雇用された家庭教師が子どもの教育を担っていた。しかしながら，これら前近代の教育担当者は，一部上層の子どもだけを対象としていたこと，および養成－採用（そして研修）といったシステムが整っていなかったこと，の2点において近代の学校教師と基本的に異なる。乳母にしろ家庭教師にしろ，たまたまそれにふさわしい資質を身につけた人を見つけて，個人的に雇うといった性格のものだったのである。

近代国家における学校は，すべての市民を対象として，一定期間の義務的な教育を施し，社会生活に必要な知識・技能を普及させることを本旨としている。

たとえば民主主義的な議会による統治を行うためには、市民が選挙に参加する必要があり、そのためには社会システムの理解（さらにその基本には字の読み書き）が共有されていなければならない。同様に、貨幣経済が成立するためには、経済システムについての理解（さらにその基本には数の計算）が市民に共有されていなければならない。そのように考えてくると、一部の上層の子どもが高度な知識・技能を身につけるだけでなく、一定レベルの知識・技能を市民全体が共有することは、近代国家の成立には不可欠だということがわかる。当然、そこには子どもの数に見合うだけの教師と、その量的・質的確保のためのシステムを政府が整備することの必要が生じる。これが「職業としての教師」の成立である。

2　「教職の意義等」に関する科目の背景

とはいえ、一定レベルの知識・技能をあらゆる市民に普及させるための学校を設け、そこで教育活動を担当する教師たちを確保することは、洋の東西を問わずどの近代国家にとっても易しいことではなかった。近代初期にはまず学校を普及させ、就学率と識字率を上げることが最初の課題となり、次いでその学校で教育活動を行うにふさわしい教師たちを確保するシステム——養成、資格、採用など——の整備が課題となり、有資格の教師たちで学校が満たされるようになった頃からは継続的な資質向上が課題となる……という展開は、多くの地域で見られるところである。

日本の場合、後述するように、太平洋戦争後のいわゆる戦後改革期以降、大学レベルでの教員養成を行うことと、免許状授与に際しての「開放制」を二大原則として、多様な大学で育つ人材のなかから広く教師たちをリクルートするシステムを整えた。しかしながら、とくに高度成長期においては、大学卒業生にとって教職は必ずしも魅力ある仕事としてとらえられていたわけではなく、この頃から俗に「デモ・シカ」教師（他に就ける職がないから「教師にでもなろうか」、あるいは「教師にしかなれない」）と揶揄される教師たちの問題[5]が注目されるようになった。その一方で、高度経済成長後に顕在化したいじめ・不登校・校

内暴力といった教育問題は「学びからの逃走」と総称されるように,「教える－学ぶ」の関係性にとどまらない複雑さをもつようになり,教師の担う仕事の難しさも増すことになった。

教職に就く前の養成教育のカリキュラムに,教職それ自体についての科目を設け,職業意識の高い教師を育てようとする動きはこうしたなかで具体化することとなったのである。

3　教育職員養成審議会の提起と「教職の意義等」に関する科目の法制化

「教職の意義等」に関する科目（2単位）の必修化は,1997年7月に出された教育職員養成審議会[6]（教養審）の第1次答申「新たな時代に向けた教員養成の改善方策について」で提起された。翌98年に改められた教育職員免許法によって概ね2000年度の大学新入生から適用されている。

この時の教養審の提起は,大学教育の多様化と教育問題の複雑化を背景として,教員養成カリキュラムの一定部分を各大学の裁量に委ねる「教科又は教職」科目のカテゴリーを新設したり,教育実習の単位増を提案したり,その後の日本の教員養成教育に大きな影響を与えている。その答申のなかでは「今後特に教員に求められる具体的資質能力」として「教職に対する愛着,誇り,一体感」を挙げて,その具体例として「教職に対する情熱・使命感,子どもに対する責任感や興味・関心」等を列挙している。そしてそのうえで同答申は「教職に関する理解の増進を含む適切な指導を通じ,教員を志願する者に「教師とは何か,教職とは何か」ということについて深く考察するきっかけを与えることをねらって,「教職への志向と一体感の形成に関する科目」（仮称,2単位）を新設する必要がある」[7]と提言したのである。

ただ,この新設科目の位置づけについてはさまざまな解釈があり,相当の「揺らぎ」があったことも確かである。答申の数週間前の教養審総会で示された案ではこの科目は「教職ガイダンスに関する科目」[8]という,キャリアガイダンス的な性格を強く感じさせるものであった。また,法制化の過程においても国会審議の参考人から「一体感」に対しての疑義が呈されるなどのこともあ

り⁽⁹⁾，最終的に「教職の意義等」となった経緯がある。

このことは，教師の職業意識や教職の使命感についての，とらえ方の難しさを表している。「教師はすべての子どもに愛情をもって接するべきである」という「べき論」がある一方で，現実的には「あまり愛情を感じられない子どもに対しても，それぞれの課題を見据えて適切なサポートをするという姿勢こそが教師の職業意識だ」という見解も説得力をもち，この手の議論には答えが出ないのである。

4　教職を選ぶ，ということ

大学で教職課程を選択する学生たちの教職志望には濃淡がある。「絶対に教師になりたい」という強い志向性をもっている者がいる半面，「就職先の一つとして学校も考えたい」「とりあえず免許状を取っておきたい」といった意識の者も相当にいるのが実状である。そして，この志望は，大学在学中の学びによっても変化しうる。前者のタイプの学生が授業のなかで教育問題の困難さと複雑さに触れて「自分には教師は務まらないのではないか」と悩んだり，逆に後者のタイプの学生が子どもの発達の実相を学ぶにつれて教師の仕事への興味を増したり，ということは往々にしてある。

それゆえ，前者のタイプに見られるような，大学入学時点，あるいは教職課程の学びを始める時点での教職志望の強さは，優れた教師になることには直結しないといえる。こうした学生の多くは，それまでの学校教育のなかでプラスの被教育体験をもち，その延長線上で教職をポジティブにとらえる傾向が強い。しかし実際に教師が直面する教育問題の多くは，「学校」や「教師」に対して背を向ける，ネガティブな子どもやその保護者たちに起因するものなのである。このことは，教職への「志向と一体感」という文言が忌避された理由にもつながる。「絶対に教師になる」と脇目もふらず一途に思い詰めたり，素朴なあこがれだけで教職を志望したりするよりは，同時代的な労働力市場全体を見渡し，同時に自らの適性を客観的に把握したうえで，双方を見据えてキャリア選択をするなかで教師という職業を，自覚的に選び取ることが重要である。そのため

には，教師という職業を，いったん相対化して，他の職業との関係のなかでとらえる必要があることはいうまでもない。

5 「専門職 (profession)」モデルと教師

　教職のあり方を論ずる際に，よく「専門職 (profession)」という語が用いられる。医師・法曹・聖職者などを典型例とする「専門職 (profession)」とは，ある特定の，公益性の高い分野についての高度な知識・技能をもち，それにともなって長期かつ高い水準の養成教育と，自律的な職業倫理などを要件とする職業集団（職域）を指す。こうした専門職が他の職業と区別された事情は，科学史家の村上陽一郎によれば，それらがこの世で「苦しんでいる人々」に救いの手をさしのべる職業であり，しかもそれらは神から付託されたものだと人々にとらえられていたことにあるという[10]。つまり，人間の存在に不可避であるところの肉体的なトラブルを救うのが医師であり，社会的なトラブルを救うのが法曹であり，精神的なトラブルを救うのが聖職者であり，しかもそれぞれは神からその「苦しみを救う」べき特別の神託 (profess) によるものだ，ということである。

　教師の仕事について考える際も，こうした「専門職 (profession)」モデルが参考になる部分がある。実際，現代の教員養成教育は高等教育に相当するレベルにあり，その時々で教師が子どもたちを相手にどう働きかけるかの判断に関しては自律性を要し，子どもたちの発達や学習に関わるもろもろの「つまづき」（≒トラブル）を解決することは教師の仕事の主要な部分である。

　しかしながら，こうした「専門職 (profession)」モデルを日本の教師たちに当てはめて考えるには，大きく2つの難点がある。ひとつは，教師の仕事それ自体に関わる。教師の担う学校教育は，近代社会のすべての市民を対象とするものであり，それは必ずしも苦しみやトラブルを前提としない。学校に来る子どもたちの大部分は「苦しんでいる人々」ではないし，教師の仕事の中心は「救う」ことではなく，市民一般の心身の健全な発達のサポートなのである。もうひとつは，日本（東アジア）の文化的事情に根ざす。キリスト教が背景にない仏

教・儒教文化圏においては「神託（profess）」という概念が根づいておらず，教師たちのもつ高いレベルの知識や技能はむしろ「学徳」を積んだ結果ととらえられている。高い学問を修めることが人間としての「徳」であるとするとらえ方は，この地域の教師の担う仕事が単に知識・技能を教えること（teach）にとどまらず，人間発達全般のサポートに及ぶという教師像につながる。その意味で日本（東アジア）の教師は英語の「teacher（教える人）」とイコールではなく，ずっと広汎な職域を担う存在であるといえる。

6　教師の「裁量権」の範囲

別の角度から見れば，教師の仕事に関わっての裁量幅は広く，時として子どもの将来に重要な影響を及ぼす可能性があるということでもある。

教師の仕事に関わる裁量の幅が法廷で争われた事件のひとつに「麹町中学校内申書裁判」がある。これは保坂展人氏（原告）が，東京都千代田区立麹町中学校に在学中（1968 年入学〜1971 年卒業）に「麹町全共闘」を名乗って機関誌を発行したり，同校の文化祭の在り方に関する問題提起を行ったりした活動について，当時の担任の教師が彼の高等学校進学に際しての内申書（調査書）の「基本的な生活習慣」「公共心」「自省心」欄にＣ評価（最下位）を付け，備考欄に彼の活動についての具体的な記述をしたことの是非をめぐって争われたものである。保坂氏は，受験した高等学校すべてに不合格となり，それは内申書の不適切な記述が原因であるとして，卒業後の 1974 年に東京都と千代田区に対して損害賠償請求の裁判を起こした。保坂氏はその後衆議院議員（3 期，社会民主党）を経て 2011 年から世田谷区長を務めているが，彼が中学校から高等学校に進学するにあたって困難を余儀なくされ，その後の高等教育を受ける機会を逃した背景には，この一件がある。

裁判自体は，一審（東京地裁・1979 年）では原告の訴えを認めて慰謝料の支払いを命じたが，被告が控訴した二審（東京高裁・1983 年）では内申書の記載に事実誤認や不合理な判断がない限りは裁量権の範囲内であるとして原告の訴えを退ける逆転判決を下し，原告側が上告した最高裁（1988 年）で保坂氏の敗訴が

確定する、という経緯をたどった。結果的には、生徒の在学中の行動の記録について、どのことがらを内申書に書くかの取捨選択は教師に委ねられている、ということが司法の場で確認されたのである。「こう書けばこの生徒は不合格になるだろう」という見通しをもって、教師が内申書（調査書）を書いても、法的な咎めを受けることにはつながらない。たとえ教師の側にその子どもを陥れようとする悪意がなくても、指導のために行った職務上の行為が、結果的に子どもの不利益につながって教師が責められるケースは往々にしてある。これは、子どもの側にとって辛いことであるのと同時に、教師にとっても指導力の及ばなかったことを痛感させる残念な出来事である。教師の「裁量権」はかように重いものだともいえる。

3 教員免許状授与の「開放制」

1 「開放制」とは何か

戦後教育改革期以降の日本の教員養成の二大原則は「大学における養成」と「免許状授与の開放制」である。前者については第8章・第10章でも触れられるが、教員養成教育の行われる場が「大学」－すなわち、最高学府であり、研究と結びついた教育が行われ、学問の自由・大学の自治を基本とする場－であることを意味している。

では後者の「開放制」とは何か。日本の文部科学省によればそれは「国・公・私立いずれの大学でも、教員免許状に必要な所定の単位に係る科目を開設し、学生に履修させることにより、制度上等しく教員養成に携わることができる」(11)（傍点引用者）制度として説明されている。これは、それ以前の教員養成、とくに小学校教員(12)のそれからの原理的な転換である。旧制度の小学校教員は、各府県に設けられた師範学校（1943年より官立）での養成を原則とするもので、その他各種の教員養成所や検定試験などの補完的なルートはあったものの、最上位の教員免許状「小学校本科正教員」については師範学校卒業での取得を原則とするシステムになっていた。また、師範学校の卒業生には卒業後一定期間は小学校での服務義務が課されてもいた。現行制度と比べると、① 小学校教

員養成のみを目的とした独自の教育機関が設けられていたこと，②その独自の教育機関で得られる小学校教員免許と他のルートで得られるそれに優劣があったこと，③私学による小学校教員養成ができなかったこと，などの違いがある。

　戦後の教育職員免許法は，1949年に制定・施行されているが，それ以降に公・私立大学による小学校教員養成が始められたのである。旧制の師範学校は，教員免許状取得を卒業要件に含む（ただし服務義務は課されない）「教員養成課程」をもつ「教員養成系大学・学部」として再編成され，それ以外の国公私立大学等もオプショナルな「教職課程」をもつことで教員養成教育に広く参画しうるシステムとなった。このシステムは，1953年に改められた教育職員免許法によって，各免許種の要件となる科目を用意し，施設設備等も含めて一定の条件を備えた教育組織を政府が認定する「課程認定制度」として整えられている。ちなみに旧制の師範学校を母体としない私立大学でこの時期に小学校教員養成を始めたのは，青山学院・京都女子・聖心女子・玉川・日本女子・立教の6校であった。いずれも，小学校・幼稚園から大学までをもつところで，宗教系の私学が多い。こうした私学にとって，独自の建学理念に基づく教員養成を行うチャンスが拡がったことは「開放制」の大きな意義である。この観点から「開放制」を定義するなら，「免許状認定に関わる主体の参入に制限の少ない制度」[13]ということもできる。

　ただ，ここで注意を要するのは，「開放制」か「閉鎖制」かという制度論上の概念と，教員養成に強く目的づけるか否かというカリキュラム論上の概念とは，別の位相に属するということである。双方を混同して「開放制」対「目的養成」というような図式を立ててしまうと，教員養成システムやカリキュラムの課題のありようの解析に困難を来すことになる。

2　「開放制」のメリット・デメリット

　「開放制」的な教員養成システム――教員養成に強く目的づけられた教育機関（師範大学，教育大学等）以外にも多数の一般大学がオプショナルな教師資

格課程を設け，ともに教員養成教育を行うというシステム——は，日本に限らず中国（メインランド）や台湾，あるいはタイなどのアジアの諸地域にも見られる。これには，目的的に教員養成教育を行う機関だけでは教員の需要を満たせないという量的な事情のみならず，多様な背景をもつ人材を教育界にリクルートすることで学校教育の活性化につながるという質的な事情も深く関わっている。イギリス（イングランド）や香港などで見られる学卒後の教師資格課程（Post-Graduate Certificate of Education=PGCE，あるいは Post-Graduate Diploma of Education=PGDE など）も，それ自体は教員養成を目的とした閉鎖的な教育機関であるが，あらゆる大学の卒業生を対象とした開放的なシステムの上に設けられているという点で，多様な背景をもつ人材を教育界にリクルートすることを可能にしているともとらえられる。

　しかしながら，とくに日本の場合「開放制」が早くに導入され，高等教育の大衆化が比較的早く進んだこともあって，「開放制」の規模の拡大がいちじるしく（課程認定を受けている教育機関は大学598・短期大学257・大学院430・専攻科その他119の計1,404機関＝2010年度），それゆえ弊害も早くに現れることとなった。教員免許状取得のためのコースをもつ大学の増加と教員の需要とが見合わず，実態面では教員免許状の供給過剰という事態を招いた（表1.2）。免許状取得者

表1.2　日本の免許状取得者と教員採用者数

年度	免許状取得者（A）	教員採用者（B）	A/B
1964	49,464	32,936	1.50
1969	131,973	36,747	3.59
1975	152,915	53,413	2.86
1981	168,433	56,591	2.98
1987	142,152	44,228	3.21
1993	128,342	33,586	3.82
1999	115,669	26,895	4.30
2005	117,903	40,156	2.94

（出所：免許状取得者数は教職員課のデータ，教員採用者数は翌年度の「学校教員統計調査」（国公私立幼稚園・小学校・中学校・高等学校・特別支援学校〔盲学校・聾学校・養護学校〕・中等教育学校）より作成）

がすべて教職を直ちに志望しているわけではなく，各年度の教員採用者には過去に免許を取得している者も含まれているため，この表は一応の目安でしかない。しかしながら，1970年代以降，需要を大幅に上回る免許状取得者が生まれつづけていることは確かである。そして，俗に「教育実習公害」と呼ばれるように，多くの大学生が教育実習を行うものの実際にはそのうちのわずかしか教職に就かず，教育現場の困難（実習指導にあたる教師たちや，実習生の未熟な授業に付き合わされる子どもたち）を増すという弊害を生んだのである。

なお，この表に示した数字は免許状取得者の実数であり，実際には一人で複数種の免許状を取得するケースが多い[14]。また大学によってはカリキュラムに複数回の実習機会を設けているケースなども多いため，教育実習を行う学生数はこれよりもさらに多い。

3 「開放制」と質保証策

「開放制」的なシステムを採っているところでは，教員養成教育への多様な教育機関等の参入を認める一方で，国レベルでの質保証策を併用して教師となる者の水準を管理しているケースが多い。代表的な質保証策としては，国レベルの資格認定試験と，教員養成機関に対する評価システムの二種類があげられる。前者の例としては中国メインランドで2011年から導入された統一資格試験などがあり，後者の例としては韓国教育開発院（KEDI）による教員養成機関の定期的な評価や，アメリカの全米教育大学協会（NCATE）によるアクレディテーション（適格判定）などがある。台湾のように，大学での養成教育（4年の学士課程＋半年の教育実習）を終えた後に政府が教師資格試験を課する一方で，教員養成機関に対する定期的な評価（ランク付け，改廃の勧告をともなう）システムを設けるというふうに，双方を併用するケースもある。

しかしながら，日本の場合は，各大学が課程認定を得るに際しての文部当局（課程認定委員会）による審査はあるものの，教職志望者が免許状を得るに際しての認定は，各大学での単位取得に委ねられているのが実状である。大学の入学難易度にも差があり，また各大学の各教員の単位認定の基準も不揃いである以上，

日本では「教員免許状の取得」ということが一定レベルの知識・技能を保証するということにはならず、これは教員免許状への社会的な信頼の揺らぎにつながっている。日本において国家的な教員資格認定試験の導入や教員養成機関の評価システムの導入が政策課題となる背景は、このようなところに求められる。

4 「開放制」の社会的意義

表1.2の数字は、22歳コーホート（同齢集団）の一割近くが教員免許状を取得しているということを意味してもいる。需要と供給のギャップはムダなようにも見えるが、実際に教師として勤めている人のほかに、相当のボリュームで「教師の仕事を理解した市民」が存在していることの意義は大きい。

とくに近年、学校と保護者や地域との関係でのトラブルが注目されるようになってきたが、これらのトラブルの相当部分は、学校や教師についての理解の不足に根ざしている（何ができて、何ができないか、がわかっていないために過剰な要求をする、等）。こうした時に「開放制」原則下の教員養成教育を受けた者が、たとえ教職に実際には就かずとも「教師の仕事を理解した市民」として関係の円滑化に寄与できるか否かが、このシステムの本質に関わって問われるところである。

また、教員免許状は、単に学校の教師の入職要件というだけではない。教育関連で、独自の資格制度が整っていない職種については、学校の教員免許状をもつことが入職の要件となっていたり、あるいは免許状保持者が優遇されたりといったケース（第3章参照）が相当に見られる。「子どもの学びについて一定の見識をもつ人」としての証という側面もあるのである。　【岩田　康之】

注
（1）　中内敏夫・川井章編『日本の教師6 教員養成の歴史と構造』明治図書、1974年、31-32頁。
（2）　EU域内では、国境を越えた教員資格の統一化が進んでいるが、それでもEU域内の国籍のない人は教員としての採用が大きく制限されている。
（3）　日本教師教育学会「入会のご案内」、http://wwwsoc.nii.ac.jp/jsste/nyukai.html

（4）　日本教師学学会設立趣意書，http://www.jaehd.sakura.ne.jp/cn8/pg48.html
（5）　油井原均「「でもしか教師」言説の分析－教師像をめぐる議論に関する事例研究－」『日本教師教育学会年報』第10号，学事出版，2001年，82-91頁。
（6）　文部科学大臣の諮問機関。現在の中央審議会初等中等教育分科会教員養成部会に相当する。
（7）　http://www.mext.go.jp/b_menu/shingi/12/yousei/toushin/970703.htm#06
（8）　教育職員養成審議会総会（第11回）議事要旨，1997年5月26日 http://www.mext.go.jp/b_menu/shingi/12/yousei/gijiroku/002/970501.htm
（9）　中野光「21世紀に向けての教師養成の基本的課題」『日本教師教育学会年報』第8号，日本教育新聞社，1999年，2-8頁。
（10）　村上陽一郎『科学者とは何か』新潮社，1994年，26頁。
（11）　中央教育審議会「今後の教員養成・免許制度の在り方について（答申）」2006年7月11日
（12）　中等学校（中学校など）の教員養成に関しては，旧制度下においても高等師範学校以外にさまざまな大学や専門学校等による教員養成が行われており，実質的な「開放制」があった。本書第8章，および寺崎昌男「戦前日本における中等教員養成制度史－「開放制」の戦前史素描」日本教育学会教師教育に関する研究委員会編『教師教育の課題』明治図書，1983年，344-355頁等を参照のこと。
（13）　岩田康之「新自由主義的教育改革と教師教育研究」岩田康之・三石初雄編『現代の教育改革と教師』東京学芸大学出版会，2011年，24頁。
（14）　2008年度の免許状授与件数は217,626件というデータがある（文部科学省教職員課調べ）。

考えてみよう

1．「教師」「教員」「師範」「先生」「teacher」「professor」等の意味や，期待される役割の違いは何だろうか。
2．学校の教師の仕事は，他の仕事と比べてどのような特質をもっているだろうか。
3．「教師の仕事を理解した市民」の果たすべき役割とは具体的にどのようなものだろうか。
4．教員免許状をもつことが有利にはたらく他の職種にはどのようなものがあるだろうか。

参考文献

東京学芸大学教員養成カリキュラム開発研究センター編『東アジアの教師はどう育つか』東京学芸大学出版会，2008年
日本教師教育学会編『教師とは（講座教師教育学Ⅰ）』学文社，2002年
遠藤孝夫・福島裕敏編『教員養成学の誕生』東信堂，2008年
黒澤英典『私立大学の教師教育の課題と展望』学文社，2006年

第2章 教職への視線

1 教師に対する社会的な視線

1 「規制改革」にあらわれた教師論

　郵政改革を象徴例とした「官業民営化」「規制緩和」を強烈に推し進めた小泉純一郎内閣（在任2001年4月26日～2006年9月26日）の下では「聖域なき構造改革」のスローガン通り，公教育システムの在り方も大胆に問い直されることとなった。その企画立案を担ったのが内閣府に置かれた「規制改革・民間開放推進会議」（2006年から規制改革会議）だったが，そこではたとえば以下のような文脈で，従前の学校教員の養成・採用の在り方に対する疑義が呈されていた。

　　例えば塾とか予備校とか民間の教育機関には教員養成学部すら出ていないし，もちろん教職課程を取っていないけれども，子供たちを楽しませて，親からも不満のない方がいっぱいいらっしゃるわけです。むしろ，一部の公立学校では，学校ではなくてそもそも塾で勉強するという子供たちが多数いるわけですね，とくに都内などでは。ということは，現実に今あるデータなり，事象から見て，本当に教職課程とか教員養成のプロセスを経た人が教員としての適格性や品質を保証されているかというと，それ自体社会事象として疑わしいというのが，多くの方の見方だと思います[1]。

　そして同会議は，実際にデータを取るべく，野村総研に委託して「学校制度に関する保護者アンケート」（2005年10月）を行っている[2]。そのなかに，「学校と学習塾・予備校とを比較した場合，子どもの学力の向上という点ではどちらの方が優れているとお感じになりますか」という項目があり，回答の分布は「学習塾・予備校の方が優れている」が70％，という結果が出た。

　この結果が公表されたことを受けて，マスコミは一斉に「『学校より塾や予

備校が優秀』親の7割」[3]等と報じている。そしてこの時期に塾・予備校に対してとくに学力向上面での「教育機関」としての役割の期待が強まり，公立学校が学習塾とタイアップしたプログラムを提供したり，予備校が学校教師の研修事業に乗り出したりといった動きが加速した。

このように，塾・予備校の教師との対比によって学校教師のアイデンティティが危機にさらされるというのは，東アジアの大都市圏に特有の現象であり，そしてそれは「東アジア的学力」のありかたと関わってもいる[4]。紙の普及が早く，表意文字を用いることから上級学校への進学に際してペーパーテストの比重が高い（それゆえ準備教育が定型化されやすい）という事情と，「学徳を積む」ことを善とする文化的な事情とを背景にしたところに，資本主義経済が発達してその定型化された準備教育のサポートが商品として成立したのである。

2　塾と学校，塾の教師と学校の教師

ここで注意を払うべきは，塾・予備校と学校（「一条校」）とをめぐるシステム的な側面である。

実は，個々の子どもの個々の場面において「学校で分からなかったことが塾でよく分かった。だから塾の方がいい」という声が多いのは当然のことなのである。学校は，前章でも述べたように近代国家の成立と不可分の存在であり，それゆえそこでの教育内容や教育方法等については政府によるもろもろの制約―学級編成の仕方，教科の枠組みと時間数，使用すべき教科書等々―を課せられている。対して塾・予備校はそれらの制約から絶対的に自由度が高い。そしてニーズの多い部分についてのサービスを商品として集中的に提供するのであるから，その部分（前掲の調査では「子どもの学力の向上」）についての評価が高くなるのは当然である。そもそも「商品」とはそれを買う人々の欲望に支えられて存在するものであり，その欲望を満たすサービスを提供する塾・予備校と，近代国家を支える市民の育成そのものを目的とする学校とは，同じ土俵に立っていないのである。

高校教師を永く勤めた諏訪哲二は，前掲の内閣府による調査について，その

問い方を変えて「学校と塾が，現在持っている機能のままに独立してあり，親が自由に選べる」としたなら，多くの親たちは学校を選ぶであろうとして，その根拠を「塾は学校に依存している」こと，すなわち「塾へ通うのも，教室に入って席に着けるのも，講師の指示を受けて学習の態勢に入れるのも，時間を区切って動けるのも，みんな，学校で訓練を受けた成果にほかならない」「学校教育の成果を受けて，塾は教育機関として機能している」ことに求めている[5]。進学塾・予備校は主に上級学校への進学準備教育を商品として提供し，補習塾は学校での日常の学習のサポートを商品として提供する。加えて「教科」「教室」「学年」「学期」といった，学校的な枠組みに塾・予備校は従属せざるを得ない。学校あっての塾・予備校であって逆ではない。この関係性は，たとえば荷物を送る際に郵便局を使うか民間宅配便業者を使うかという二者択一とは本質的に異なる。学校や教師についての「規制緩和」「自由化」論に欠けているのは，実はこうしたシステム面への目配りである。

3　マスコミ報道と学校・教師・子ども

　教育現場におけるトラブル（事件）が生じた際，そこでの学校側や教師個々人の対応が不適切であるとして責めを負うケースが見られる。とくに新聞・雑誌・テレビ等の報道においては，文字数や時間の制約のなかで読者・視聴者にわかりやすく訴える必要性もあって，部分的な情報がセンセーショナルに伝えられる傾向が否めない。

　たとえば，2003年に福岡市内のある小学校教師が，受け持ちの児童に対して人種差別的な発言や，度重なる体罰や，果ては自殺強要を行ったとして「史上最悪の『殺人教師』」[6]と報じられた事件があった。この教師は福岡市教育委員会から停職6ヶ月の処分を受け，児童とその両親はこの教師と福岡市を相手に総額5,800万円の損害賠償請求（PTSD被害に関わる慰謝料等）の訴えを起こし，総勢550名の大弁護団が結成されることになって話題を呼んだ。しかしながら，裁判では原告側の申し立てる事実が相当に不確かなものであることが明らかとなり，結果的にはその大半が認容されず，福岡市に対して330万円の支払いを

命じる控訴審判決（福岡高裁，2008年）が確定し，被告の教師は復職している（教師個人に対する請求は控訴審段階で原告から取り下げ）。この事件を，主に被告の教師側から取材したライターの福田ますみは『でっちあげ』（新潮社）のなかで，「子供は善，教師は悪という単純な二元論的思考に凝り固まった人権派弁護士，保護者の無理難題を拒否できない学校現場や教育委員会，軽い体罰でもすぐに騒いで教師を悪者にするマスコミ，弁護士の話を鵜呑みにして，かわいそうな被害者を救うヒロイズムに酔った精神科医。そして，クレーマーと化した保護者」[7]の問題を指摘している。ただしこの『でっちあげ』の出版による子どもたちへの二次被害を指摘する声もあり，真相に関する速断は難しい。福田自身も言うように，「この事件の最大の被害者は……4年3組の子供たち」[8]なのである。

4　「モンスター・ペアレンツ」問題の本質

　学校と保護者の関係で生じたトラブルの責任の所在を，「問題教師」として教師に帰するか，「モンスター・ペアレンツ」として保護者に帰するか，それぞれのケースで判断は微妙に分かれるだろう。ここで注意すべきは，新聞にしろ雑誌にしろテレビにしろ，商業ジャーナリズムにとって最も重要なのは読者や視聴者の獲得であり，教育問題の本質の究明や子どもの人権への配慮といったことがらは，その目的を損なわない範囲で副次的に尊重されるに過ぎない，ということだ。それゆえ，教育問題を扱ったジャーナリズムが，問題の表面をセンセーショナルに報じる傾向があるのは宿命的でもある。こうした商業ジャーナリズムの性格について，教師としては十分な注意を払って教育活動に臨むこと——少なくともよそで起きた教育事件の報道を鵜呑みにしない，メディア・スクラムといわれる状況に際しても子どもたちの発達を考えて落ち着いて対処する，等々——が大切であろう。

　学校と保護者との関係で生じるトラブルの本質は，当然のことながら双方のコミュニケーションが円滑さを欠くことにある。それは教師の側のコミュニケーション能力に起因する部分もあろうし，クレームをつける側の生活のしんど

さやり場のない怒りが、とりあえず目の前にいて文句が言いやすそうな教師に向かう、という社会病理的な側面もあろう(9)。トラブルを解決して再発を減少させ、学校での教育活動が円滑に進むようにするためには、コミュニケーション・ギャップを丁寧に解いていく誠実な実践と、そうした実践を可能にする環境づくりこそが重要なのであるが、当然のことながら商業ジャーナリズムはそこまでの責任を負わない。

　システム全体が多様化・複雑化し、そのなかで不快な思いを経験した者にとって、それがどういう事情によるものなのかすぐには思い至らず、とりあえず目の前にいる人を詰る、という傾向が増すなかで、学校の教師がそのターゲットになることも少なくないのである。教育改革と教師の関係には、大きくいって、学校教育を改革していく際の「担い手としての教師」と、改革の一環として教師それ自体の在り方を改めていくべきとする「ターゲットとしての教師」という2つの側面があるが、事件報道は往々にして後者の側面を後押しすることにつながっている。

5　教師社会の「閉じた」性質

　ただし、教育界に特有の風土として、なるべく内部で事を荒立てずに解決することを好む「事なかれ主義」的な傾向が指摘されるような側面も無視できない。先に引いた『でっちあげ』においても、事件を複雑化させた1つの要因として、被害を申し立てた児童の保護者の言い分を精査せずに体罰の存在を認め、教師を担任から外して停職処分にすることで当座の事態を沈静化させようとした学校管理職（校長・教頭）と人事権者（福岡市教育委員会）の対応があったことが指摘されている。

　そのように教師社会が「閉じた」性質を持っていることは、教育界の外からだけでなく、学校において教師とともに働く職員たちの目にも奇異に映ることもある。所沢市で1980年代にスクールソーシャルワーカー（SSW）として仕事を始めた山下英三郎は「学校や教育関係者が、異質の価値観を導入することについては非常に抵抗感がある」ことを指摘し、その理由についてSSWの仕事

が「学校システムを支持するような活動ではなく，子どもの利益や人格を最優先することは，システムが二次的になる。学校制度に客観的な視点を持つことは，学校現場を脅かすのではないかという恐怖感を学校が抱くのではないか」と述べている[10]。教師の仕事には，外の人にはなかなかわかりにくい部分も確かにある。だからといって，外に対して「閉じた」ままでいることは，教師に対しての不要な批判や誹謗を招くことにもつながりかねないのである。

2　教師への要請

1　2つのソリューション

　前節に挙げた「規制改革・民間開放推進会議」による既存の教員養成・採用の在り方に対する不信・批判のトーンは，続く安倍晋三内閣にも引き継がれることとなった。安倍首相は『美しい国へ』(2006年)のなかで「ダメ教師は辞めていただく」[11]として，不適格教員を排除するための教員免許更新制の導入を訴えた。ほぼ同時に首相官邸に設置した教育再生会議においては，特別免許状(大学における教員養成のプログラムを経ない人材に，都道府県教育委員会が独自に免許状を与える制度)の活用促進を「新規採用者の20％(ボトムライン)」という形で数値目標とともに打ち出した[12]。教員免許更新制の導入は，2007年6月に改められた教育職員免許法によって実現しているが，ここで同時に改められた教育公務員特例法では，指導力不足の認定を受けた教員に対して人事権者が「指導改善研修」を命じ，その後に免許更新講習を受講するシステムが導入された。そして文部科学省によれば，この教員免許更新制の目的は「その時々で教員として必要な資質能力が保持されるよう，定期的に最新の知識技能を身に付けることで，教員が自信と誇りを持って教壇に立ち，社会の尊敬と信頼を得ることを目指すもの」とされ，「不適格教員の排除を目的としたものではありません」と断り書きが付されてもいる[13]。

　ここで主に首相官邸サイドから発せられる「不適格教員」という語と，主に文部科学省サイドから発せられる「指導力不足教員」という語とでは，正反対の方向性をもっていることに注意が必要である。この2つの語に関わる論点を

表2.1 「指導力不足教員」と「不適格教員」・2つのソリューション

指導力不足教員		不適格教員
主に文部科学省	出どころ	主に首相官邸 (特に自由民主党政権下)
指導技術の不足	ニュアンス	人格的な否定
指導力を補う再教育 ↓ 教育現場への復帰	解決策 (ソリューション)	教育現場からの排除・配置換え ↓ 外から新たな人材をリクルート
指導改善研修 (2007年・教育公務員特例法)	施策の例	特別免許状制度の活用 (2007年・教育再生会議)

図式的に示すと表2.1のようになる。

「指導力不足教員」の一例として，たとえばコンピュータが普及する前に採用されたベテラン教師が，その後の情報化の進行についていけずに指導上の円滑さを欠くようなケースを想定してみよう。この延長線上には，その教師に対しての再教育を行うとともに，以後の教員養成・採用に際して情報処理能力を重視するというような，既存のシステムを充実させる方向での解決策（ソリューション）が導けよう。対して「不適格教員」の一例として，たとえば児童に対して倒錯した性的欲求を抱く傾向があるがために，指導上のトラブルが頻発するようなケースを想定してみよう。この延長線上には，研修の充実による職場復帰よりはむしろ，その教師を教育現場から外して別の人材をリクルートするといった解決策が導けよう。近年の教師をめぐる施策においては，こうした2つのソリューションの方向性がある。

2 教育改革と教師，ソリューションの錯綜

とはいえ，この両者ともに，近年の複雑化・多様化する教育問題に対処するに際し，既存の教員養成・採用・研修のシステムでは不十分であるという認識から出発している点で共通している。そして，これら2つのソリューションは，時として錯綜する。

先に例に挙げた「コンピュータが普及する前に採用されたベテラン教師が，

その後の情報化の進行についていけずに指導上の円滑さを欠く」ケースは、そうした教師に対して情報機器の操作に習熟させるような研修プログラムを提供することである程度は解決可能である。しかしながら、その習熟には個人差があり、すべての教師が今後の教育活動における情報機器の操作を円滑に行えるようになるとは限らない。だとすれば、そのような教師には早めに適切な他の職へのキャリアチェンジの機会を与え、子どもへの指導には別の、より情報機器の操作に習熟した人材を充てる方が、その教師本人にとっても、指導を受ける子どもたちにとってもよい、とする考え方も説得力をもつ[14]。あるいは、日本の小学校における外国語活動(2011年度から5・6年生に導入)に関しても、現在の小学校教師たち(「外国語を教える」ことのトレーニングを経験していない)に外国語指導のためのプログラムを与えるというソリューションがある一方で、外国語に秀でた人材(ネイティヴ・スピーカー等)を外からリクルートして指導に充てるというソリューションもあり、双方の取り組みが行われている。

　実は、教師に対しての養成・採用システムに依らずに、指導にふさわしい資質力量をもった人材を外からリクルートするという発想は、貴族における乳母や家庭教師の雇用(第1章参照)に似た、前近代(プレ・モダン)的なものである。しかしながら、教育改革のテンポが速く、教師の養成・採用のシステムの整備が追いつかないポスト・モダンにあっては、こうしたソリューションが現実味をもちうるのである。

3　「使命感」と「社会性」——教師資質への要請

　教師の資質に関しての政策的な要請は、大きく「使命感」「社会性」「実践的指導力」の3つに括ることができる。

　このうち「使命感」と「社会性」については、古くからの論点となっていた。そして何を重視するかという見解の相違は、教員養成についてのいかなるシステムをよしとするかという制度論上の論点にもつながるのである。海後宗臣[15]によれば、優れた教員は師範学校において教育者精神を徹底させることによってこそ養成できるという思想と、特別の学校で教育者として任務に就くことを

目標とする教師養成をすれば「師範型」を作り出すという批判的意見との対立は明治期以来のものである。その「師範型」とは，たとえば全国中学校校長会が 1935 年に提出した「師範教育制度改善案」のなかに「一種ノ師範型ト称セラルル陰鬱ノ性質ヲ有シ児童教育ニ最モ必要ナル明朗快活純真ノ気象ヲ欠クモノ多キ」，「師範学校卒業生ハ……社会ノ各方面ニ知人ヲ有セズ，其交友ノ如キモ小範囲内ニ止マルガ故ニ何トナク世間ガ狭ク淋シキ境遇ニ在リテ学校経営上ニモ不便少カラザル」[16]とあるように，閉鎖的で社会性の乏しい性格を指している。戦後改革期以降の日本の教員養成の原則となった「開放制」は，システムとして師範学校以外の教員養成機関を広く認めるというだけでなく，幅広い人材を教育界にリクルートすることによってこの「師範型」の克服をめざしたものでもあった。

しかしながら，たとえば本章冒頭にあげた規制改革・民間開放推進会議のモチーフを酌んだ内閣府の調査[17]においても「学校の教員に不満を感じる理由」として「教員養成系大学で型にはまった教育を受けた人が多いから」「大学（大学院）卒業後すぐに教員として就職し社会人経験が乏しいから」「他業種（学校以外の組織）との人事交流が少ないから」など，「師範型」批判とほぼ同じ理由が想定されているように，この種の見方は現在にも通じている。そして，各都道府県・政令指定市などの教育委員会が採用にあたって「コミュニケーション能力」を重視する方向性を打ち出す向きが強まっているが，これはより本質的には「異質な他者とのコミュニケーション能力」が教師に求められているということになろう。

ただし，「開放制」原則下で多くの教育機関が教員養成教育に参画するようになったことは，この「師範型」批判への解決策であったと同時に，教職への志向性が十分でない学生をも教員養成プログラムに含むという結果を生み，そうした学生の「使命感」の乏しさが問題視されるようになった。このように両者の関係は難しいものであり，現在の日本においては，「教職の意義等」に関する科目（第1章参照）が，この難題の解決策としての意味合いをもたせられているのである。

4 教師の「実践的指導力」の要請をめぐって

　教師教育が大学で行われるようになったことは，教師になる者の学識のレベルアップという点では大きな効果をもっているが，半面「難しい研究をやっても学校現場での実際の指導に役立つわけではない」という批判の拡大をも生むこととなった。大学で学んだことが社会に出て役立つわけではないという指摘は高等教育の他の分野においても見られるが，とくに教員養成の場合，それぞれの学問分野と学校での各教科の間に連関があるために，このギャップが際立つ。

　戦後教育改革ではさまざまな制度改革が行われたが，そのひとつに義務教育年限を延長して中学校（新制）を義務化したことがあげられる。その後高等学校（新制）への進学率も高まって「準義務化」した状態が生まれ，高度成長期以降の日本にとっての中等教育は，ほぼすべての子どもが学ぶ場へと変質した。この変質は，中学校・高等学校が「学ぶ意欲の強いものだけが学ぶ場」ではなくなったことを意味してもいる。1971年の中央教育審議会答申はこの問題を「義務教育としての中学校の教育や80％以上の者が進学する高等学校の教育は，戦前の中等学校とは異なった新しい教育指導上の問題をかかえている」と指摘したうえで，教員に対して「実際的な指導能力」の強化を要請した。これは1997年の教育職員養成審議会答申において「いつの時代にも求められる資質能力」としてあげられている「教育者としての使命感」「人間の成長・発達についての深い理解」「幼児・児童生徒に対する教育的愛情」「教科等に関する専門的知識」「広く豊かな教養」に基づく実践的指導力，という要請にもつながっており，教員養成のプログラムにおける現場体験的要素の増加や，教育現場での実践経験を豊富にもつ者による指導の導入が進められている。

　このことは，教科指導において，単に教科内容に関連する学識のレベルの高さだけでは，実践現場での十分な指導力にはつながらないことを意味している。とくに中学校以上の，教科担任制の教師を志望する者の動機として「私は○○が得意だから，それを活かして○○科の教師になりたい」というものはしばしば見られるが，実際に学校で相手にする生徒の相当部分は「○○」が得意でも

なければ「〇〇」の学習に意欲をもっているわけでもない。また後述（第4節）するように，社会における教師への見方も変わりつつあり，「学校の授業が分からない」という子どもの訴えを，「子どもの勉強不足」よりは「教師の指導力不足」に帰する傾向が強まりつつもある。そうしたギャップを埋めることが，教師になる者には求められるのである。

3 さまざまな教師像

1 教育問題と教師像

佐藤学[18]は，1980年代以降の「学校の危機」に際して，「教師がスケープゴート（贖罪羊）にされる」こと，すなわち学校で起こった諸問題は「社会や文化の構造的な変化のひとつの結果であり，その意味では，国民全体がそれぞれの立場から解決にあたるべき性格のものであったにもかかわらず，その責任を教師に負わせてゆく」ことへの危機感を感じ，教師の内側の世界から問題をとらえ直すことを志したという。ここで佐藤は，教職の性格を考えるために「公僕としての教師（teacher as a public servant）」「技術者としての教師（teacher as a technican）」「専門家としての教師（teacher as a professional）」の3つの教師像[19]を設定している。第一の「公僕としての教師」とは，公務員として「制度的に規定された職務を忠実に遂行し，公衆としての子どもと親の要求に対して献身的にサービスすることが求められる」という基底的な教師像を指す。これは日本においては，高い使命感をもち，子どものために自己犠牲を厭わない「聖職」[20]的教師観にも通じうる。第二の「技術者としての教師」とは一般に「教師はプロである」「教師は授業で勝負する」という時などに見られるような「教師の職域の技術と技能」を軸にした教師像を指し，そして第三の「専門家としての教師」とは，高いレベルの養成制度をベースに，「専門家としての判断や決定の自由と自律性が保障された」教師像を指す。

2 「教師の仕事」をどうとらえるか——「反省的実践家」としての教師

この第二・第三の教師像は交錯するが，教師の仕事とその職業的力量の獲得

過程を、ある程度定式化した技術・技能に熟達するものとしてとらえるか、絶えず変化する実践現場に応じて自律的な判断を行うなかで成長していくものとしてとらえるか、という2つのとらえ方がそれぞれの基本にあることが読み取れる。そして佐藤は、この「専門家としての教師」概念が日本の学校に根付いていないことが、1980年代以降の学校の危機の背景にあると指摘し、そのうえで今後の教師像としてアメリカの哲学者ドナルド・ショーン (Donald A. Schön) の論に基づく「反省的実践家 (teacher as a reflective practitioner)」概念を提示している。その時々で変化する複雑な問題状況に際して、絶えず自らの行為を「省察 (reflection)」しながら「実践的見識 (practical wisdom)」を行使していく、というのがこの「反省的実践家」としての教師像の意味するところである。それは、教師たちそれぞれが省察−実践をしていくだけでなく、さまざまに協働していく自律的な「学びの共同体」に支えられるものでもある。この「反省的実践家」としての教師、というとらえ方は、1980年代以降、世界的に拡がりつつあり、この発想をベースにした教師教育プログラムの開発が進められている。

3　教師の「労働者」性

一方、教師の仕事を「働く側」からとらえれば、当然のことながらそれは労働力を売って報酬を得る労働の一環であり、「聖職」として教師たちに献身を求める見方とは、それは相容れない。子どもをめぐる問題が起きるのは、教師が学校で仕事をしている勤務時間内だけとは限らないが、それらすべてに対応しているうちには教師自身の生活が脅かされる危険もある。

日本教職員組合（日教組）が1952年に制定した「教師の倫理綱領」（全10項目）のなかで「教師は労働者である」「教師は生活権をまもる」と宣言した背景には、こうした事情があった。日教組は戦時下までの教師たちについて「清貧にあまんずる教育者の名のもとに、自己の生存に必要な最低限の物質的要求さえ、口にすることをはばかってきた。自己の労働に対する正当な報酬を要求することは、過去の教師にとって思いもよらぬことであった」と総括したうえで、教師

たちが「自己の生活権をまもり，生活と労働のための最善の条件」を求めていくことを訴えたのである。こうした面から見れば，2002年から公立学校で導入された学校週五日制は，教師の労働条件としての「週休二日」の保障という意味合いを帯びたものでもある。

このような教師＝労働者論は，近年の教員組合運動（およびそれに対する社会的視線）の変質と，新自由主義を背景とした労働力市場の変質によって，その説得力を失いつつある。しかしながら，教師たちがディーセント・ワーク（人間らしい仕事）を求めるのは当然のことであり，逆にいえば教師たちにディーセント・ワークを保障しない学校には問題があるといえる。「よい学校とは何か」を教師の側から考える視点として，この点は重要である。

4　数値目標と教師

民間企業に範を採った目標管理の手法は，徐々に教育現場にも及びつつある。各学校は年度ごとに教育計画と目標を立て，その達成度によって評価を受ける，というスタイルは近年の学校では当たり前になっている。そしてその目標は具体的であることが求められることもあって，学校の教育目標に数値が掲げられることが多くなってきている。

しかしながら，教師の仕事においては，こうした数値目標の扱いには慎重に対応する必要がある。それは主に以下の二点による。

ひとつは，教師の仕事のなかで数値化できる部分は限られているということがある。たとえば学力の問題をとっても，ペーパーテストの成績などで数値化できる（しやすい）部分と，本質的な思考力の度合いなど数値化しにくい部分とがあり，数値目標に過度にとらわれることは後者を軽視することにもつながるのである。

そしてもうひとつは，数値目標それ自体が，非教育的に働きかねない側面をもっているということである。たとえば，理科系の進学指導に重きを置く高等学校にとっては，「医学部合格〇名」というような数値目標を設定するような例が見られる。そんな高校に，開業医の家庭に育ち，理科系科目の成績が優秀

な生徒がいれば、教師たちはその生徒を医学部進学に向けてサポートすることに熱心になることであろう。しかしながら、開業医の子どもで「継ぐのが当然」という周囲の期待を感じつつ、生徒本人がそれに馴染めないような場合もある。それは思春期から青年期への自己確立のプロセスにおいてよくある葛藤だからである。ここで数値目標にこだわって、その生徒の発達課題を見据えてサポートすることを後回しにするのは、明らかに非教育的である。このように、数値目標は教育の本質を歪めかねないのである。

4　社会人としての教師と職業倫理

1　〈教師〉-〈子ども〉関係の危うさ

　凶悪犯罪の報道に際して、加害者の職業が教師であるケースでは、往々にしてそのことがクローズアップされて強く指弾される傾向がある。この傾向はたとえば体育会系の大学生による破廉恥行為（集団暴行・準強姦。いずれも後に示談が成立し、起訴されず）についての報道でも、帝京大学ラグビー部員たちによる事件（1997年）と、京都教育大学の陸上部・アメリカンフットボール部などの学生たちによる事件（2009年）の扱いの違いに典型的に見られるような、「教師予備軍」の学生たちに対する厳しい視線にも通じている。後者に対しては「教育者を育成する大学なのに何たることか」という批判が強まったのである。反社会的な行為を許さないというプレッシャーは、「教師である者」「教師になる者」に対しては他の職業よりも強い。この背景には、前節にあげたような「聖職」としての教師観があることは確かであろうが、そうした事情を除いても、教師という職業に就く人間には、他の職業には求められない高い倫理があることは確かである。

　それは端的にいえば、〈教師〉-〈子ども〉関係の危うさにある。教師たちは、子どもたちの日常の学習活動や生活を指導する立場にあり、それは評価をも含む。テストを行い、日常的な学習への取り組みを評価し、評定を下す。内申書（調査書）の記述は子どもの将来を左右する。そうした意味において〈教師〉は〈子ども〉との関係において権力性をもっている。それゆえ、その権力性に基

づいて〈教師〉が〈子ども〉を従わせることも難しくはない。保護者が「子どもを人質に取られている」から学校への批判を差し控える，というのもこの権力性への恐れに由来する。また，〈子ども〉は〈教師〉に比べて未成熟であることから，双方の関係で問題が生じた時に〈教師〉の方が優位に立ちやすい。このことは，学校内におけるハラスメント事件をめぐる裁判等で，〈子ども〉の側の証言が論理的に整っていないために証拠能力が認められず，結果的に〈教師〉の側に有利な判断が下される傾向などに端的に表れている。この権力性の自覚という点において，教師には独特の倫理が求められるのである。

2　地域・社会と教師

　教師やその職場としての学校と，その位置する地域・社会との関係は，その時々で異なる。全般的な傾向としては，近代初期に学校制度が整えられはじめる時期においては，学校や教師という存在には，地域・社会から高い敬意が寄せられるが，社会が多様化していくにつれてその相対的な地位は低下し，それにともなう教育問題が生じてくるのが常である。日本で1980年代以降に取りざたされる，不登校や校内暴力，学級崩壊といったいわゆる「学びからの逃走」と総称される諸問題——「教える−学ぶ」の関係のなかの問題ではなく，子どもが学びそれ自体に背を向ける——が，市場経済が高度に発達した地域によく見られる一方で，発展途上の地域にはあまり見られない。

　子どもに教育を受けさせる（教育の機会を保障する）ことは，近代社会（大人）に課せられた重要な義務である。しかしながら，近代の初期においては，たとえば農繁期には子どもに農作業の手伝いをさせざるを得ないといった事情でやむを得ず学校を欠席するケースがしばしばあった。現在においても，家庭の事情で子どもが学校を欠席するケースはあるが，それはたとえばある程度生活にゆとりのある家庭で，海外旅行に出る際に親の休みがその日しか取れない，あるいは飛行機の予約がその日にしか入らないから，というような理由へと変質しつつある。そうした家庭にとって学校とは「必ずしも行かせなくてもよいもの」と映っており，それは不登校を許容する姿勢にもつながる。とくに，本章

第1節で述べたような，民間企業と対比するような視点が広まることで，学校や教師の「サービス」面の期待が強められてもいる。保護者からしてみれば，教師の生活や成長のありようより，自分の子どもが在学中にどれだけ面倒を見てもらえるか，が重要なのである。

3 教師と「国際性」，その落とし穴

　前章にも述べたように，公教育システムを担う教師の存在は，近代国家の成立と不可分であり，それゆえ教職はそれぞれの国家的な枠組みから自由でない。日本に限らず，大学等の教育機関で教員養成に関わる部分は，留学生比率が極端に低いなど，「国際性」から遠くなる傾向がある[21]。教育現場がグローバル化し，多文化共生の姿勢が求められる一方で，教員養成の現場におけるドメスティックな性格は容易には変わっていない。それどころか，実践的指導力の要請に応えるべく，その国内の教育現場・教育事情との結びつきがカリキュラム面で強まることによって，さらに養成教育のドメスティックな性格を強めつつあるともいえる。

　こうした「落とし穴」への自覚と，それに基づいて「国際性」を求めていくことは，これから教師になる者には重要である。一部の大学では海外での教育実習をカリキュラムに組み込むなどの動きが見られるが，それ以外にも，積極的に外国語を学んだり，外国に出る機会をもったりすることが望まれる。

【岩田　康之】

注
（1）　福井秀夫専門委員（政策研究大学院大学教授）による発言。規制改革・民間開放推進会議第3回教育・研究ワーキンググループ議事録，2004年11月26日。
（2）　http://www8.cao.go.jp/kisei-kaikaku/old/publication/2005/1007_02/item051007_02_01.pdf
（3）　『朝日新聞』2005年10月7日付。
（4）　坂井俊樹「『東アジア型』学力形成と教師の課題」東京学芸大学教員養成カリキュラム開発研究センター編『東アジアの教師はどう育つか』東京学芸大学出版会，2008年，9-14頁。

（5） 諏訪哲二『なぜ勉強させるのか？ 教育再生を根本から考える』光文社新書，2007年，97-99頁。
（6） 『週刊文春』2003年10月9日号。
（7） 福田ますみ『でっちあげ 福岡「殺人教師」事件の真相』新潮文庫，2010年，305-306頁。
（8） 同上書，299頁。
（9） 小野田正利「社会問題・社会病理としてのイチャモン」『親はモンスターじゃない！――イチャモンはつながるチャンスだ』学事出版，2008年，89-97頁。
（10） 藤井誠二『学校の先生には視えないこと』ジャパンマシニスト，1998年，214-215頁。
（11） 安倍晋三『美しい国へ』文春新書，2006年，210頁。
（12） 教育再生会議第一次報告「社会総がかりで教育再生を～公教育再生への第一歩～」2007年1月24日。http://www.kantei.go.jp/jp/singi/kyouiku/houkoku/honbun0124.pdf
（13） 文部科学省「教員免許更新制の概要」2008年6月3日。http://www.mext.go.jp/a_menu/shotou/koushin/001/001.pdf
（14） 2003年に改められた教育公務員特例法で，分限処分の理由の一つに「指導力不足」が加えられたことは，こうした発想に基づいている。
（15） 海後宗臣編『教員養成（戦後日本の教育改革8）』東京大学出版会，1971年，7頁。
（16） 同上書，10頁。
（17） （2）に同じ。
（18） 佐藤学「Ⅲ反省的実践家としての教師」佐伯胖・汐見稔幸・佐藤学編『学校の再生をめざして2 教室の改革』東京大学出版会，1992年，109-110頁。
（19） 同上書，112-116頁。
（20） 新田次郎『聖職の碑』講談社文庫，1980年など。このほかにも文芸作品において教師を「聖職」として扱っているものは数多い。
（21） 上杉嘉見「教師教育の国際化―教員養成系大学における留学政策の現在―」『東アジアの教師はどう育つか』（前掲注（4）），159-174頁。

考えてみよう

1．教師がマスコミ報道に登場した事件について，複数のメディアの報道を比較し，それぞれの違いとその背景について考察してみよう。
2．教育言説における「教師像」を分析してみよう。
3．近年の教育改革において教師がターゲットとされている施策を調べ，それが「2つのソリューション」のいずれに近いか，またその背景は何か，考察してみよう。

参考文献

岩田康之・三石初雄編『現代の教育改革と教師』東京学芸大学出版会，2010年
久冨善之編『教師の専門性とアイデンティティ』勁草書房，2008年
福田ますみ『でっちあげー福岡「殺人教師」事件の真相』新潮文庫，2010年
藤井誠二『学校の先生には視えないこと』ジャパンマシニスト，1998年
ショーン，D.（佐藤学・秋田喜代美訳）『専門家の知恵－反省的実践家は行為しながら考える』ゆみる出版，2001年
岸本裕史『見える学力，見えない学力』大月書店（国民文庫），1996年

第3章 子どもの学びを支える人

1 子どもたちが「学校」で出会う人

1 「学校」という場所

　学校教育法（2008年4月1日施行）第1条で、「学校とは、幼稚園、小学校、中学校、高等学校、中等教育学校、特別支援学校、大学及び高等専門学校とする。」と定義されている（一条校）。2011年度の学校基本調査によれば、このうち幼稚園は国公私立合わせて全国に1万3299園（7万538学級）、小学校は2万1721校（27万6416学級）、中学校は1万751校（12万2309学級）、高等学校は定時制を含めて5060校（6万3791学級）、特別支援学校は1049校（3万2175学級）、そして中等教育学校も全国49校（612学級）を数える。

　これらの「学校」ないし「学級」という世界は、子どもにとってどんな場所になっているのだろうか。多くの子どもたちにとって、「学校」は楽しいところであり、仲間と喜怒哀楽をともにし、ともに学び、ともに悩み合って「生きる場所」であり、生活のなかの大切な「居場所」のひとつである。卒業後、成人後に同窓会があれば懐かしく感動的に集い合う仲間たちと出会える大切な場所なのである。

　しかし、最近では、「小1プロブレム」、「中1ギャップ」、「学級崩壊」、「いじめ」、「自殺」、「不登校」、「学びからの逃走」、「校内暴力」、「モンスター・ペアレンツ」など、教育実践の土台を揺さぶるような問題がマスコミを賑わせている。また、学校の教員を対象に勤務と健康を調査した労働科学研究所の報告（2006年）によると、健康状態の不調を訴える者は小・中・高校および特殊教育諸学校の全体計で45.6％となり、日本人の標準値15.7％を大きく上回るという

実態が明らかにされた。また，小・中学校では約2割の教師が月あたりの超過勤務時間が過労死基準の80時間を超え，「多忙化」が指摘されているにもかかわらず，教師は「児童生徒に対して，個別的できめ細やかに対応する時間的余裕がない」(91.9%)，「教材研究や授業の準備をする時間が不足している」(90.6%)，「自主的な創意工夫のための時間的・精神的余裕が不足している」(92.6%)と前向きに悩んでいる実態が示された。さらに，自由回答欄に書かれた記述を読むと，いまの学校で働く教員の実情が浮かび上がってくる。

◇本来教員とは子どもと接すること（勉強を教えること）が一番大切なのに，そのためにかける時間がまったくない。日々学校や学年の仕事をして終わっている。土日も仕事漬けなのにどこまでやってもクラスの仕事ができない。ここ2ヶ月土日も学校に行ってます。

◇仕事は増えるばかりで精選されていない。誰一人楽をしている人なんていない。もっと子どもたちと過ごしたり，子どもたちに関わる仕事に時間を費やしたりしたい。若手を育てるベテラン教師が少なすぎて，皆大変。

◇さまざまな児童の実態に対応するため，他の教員と相談する時間をもっととりたいが，ほかの仕事や行事が過密であるため，十分な時間をとることができない。

こうした状況は管理職にもあてはまる。全国公立学校教頭会がまとめた2008（平成20）年度「副校長・教頭の基本調査」(2008年)によれば，2007（平成19)年度に病欠で2週間以上休んだ副校長・教頭は約1%にあたる292人，病気による死亡も34人に上ったという（同会に未加入の長野県を除く）。1週間の文書処理数は約50通で，授業を受け持つ副校長・教頭も半数を超える。そのうえに，人事評価制度の導入により面談や授業参観を行わなければならなくなり，仕事量の増加は顕著である。

わが国の「学校」という場所は，かなり深刻な制度疲労を起こし始めているのかもしれない。既存の学校文化や教育をとりまく諸条件を改善し，必要に応じて教育制度を刷新するという教育改革を求めたいところではあるが，「学校」で子どもの学びを支える教師一人ひとりが，どのような「学校」をつくろうと

するのかが決定的に重要なのである。毎年子どもたちは，誠意ある教師との出会いを求め，ともに学び合えるよき仲間を求めて「学校」に通い続けているのである。

2 学校で働く「先生」

　子どもたちは，日々の暮らしのなかで，多くの人に支えられてその子なりの成長をとげていく。あるときは豊かな愛情を受けとりながら，自分を認めてくれる人に支えられ，あるときには自分のなかにある弱さを克服する助言をくれる人と出会い，またあるときは，自分の興味・関心や考え方に大きな影響を与える人と運命的な出会いをする。いうまでもなく，それぞれの子どもの成長プロセスに，どのようなキャラクターのどんな個人がかかわったかという組み合わせの違いは，個々の子どもの生き方を多少なりとも左右することになる。

　学校生活のなかでは，子どもたちはどんな場面でどんな教師と出会うのだろうか。学校にはさまざまな教師がいて，子どもたちは偶然の出会いとしてそれぞれの教師の影響を受ける。2011年現在，全国で活躍する小学校教員は41万9467人，中学校教員は25万3104人，高等学校教員は23万7526人，特別支援学校には7万4854人，そして中等教育学校の教員も全国に2046人を数える（いずれも本務者のみ：2011年度学校基本調査）。これらの教員組織は，基本的にフラットな構造を維持し続けてきたが，2007（平成19）年に改正された学校教育法により，新たに主幹教諭や指導教諭を配置することが可能となり，校長を頂点とするピラミッド型の運営組織に移行しつつある。主幹教諭は，校長，副校長・教頭ら管理職を補佐し，一般教員をリードするミドルリーダーとして期待される役職であるが，同様の制度はすでに2003年に東京都で導入されて以来，いくつかの自治体で制度化されていた。また，指導教諭は，「教諭その他の職員に対して教育指導の改善及び充実のために必要な指導及び助言を行う」ことを職務内容にしており，一部の自治体が「スーパーティーチャー」ないし「エキスパート教員」等の名称で導入した制度をモデルとして位置づけた役職である。

なお、これとは別に、教務主任、生活指導主任、研究主任、各教科部主任、学年主任など、従来、一般教員が分担してきた主任制度も校務分掌として併用されている。

さらに、通常は正教諭（本務者）だけでは手が足りないため、常勤および非常勤の講師等が学習指導をはじめ校内のさまざまな教育活動にかかわっている。学校内で食育を担う栄養教諭や外国語担当講師、各専門機関や民間企業から必要に応じて招かれるゲスト等の外部講師もそれぞれ重要な役割を担っている。このように、校内で働く多種多様な役職の教師および講師が、それぞれの立場で学習指導や生活指導等を担当している。

しかし、子どもたちにとっては、教師の職名や校務分掌は問題にはならないし、年齢や学歴も重要ではない。どんなときに、どんな助言をしてくれる人か、どんなときに厳しく、どんなときに優しい先生なのか、そして自分たちにどこまで真剣に向き合ってくれる人なのかということが、子どもたちにとっての重大な関心事である。学校で働く教師は、「子どもが好き」という人の方がいいし、「勉強を教えるのが好き」という人の方がいい。しかし、そのことは「学校」という現場で子どもと出会い、向き合う職業人としては些細な必要条件でしかない。学校では、独立した人格をもつ子ども一人ひとりの成長を支援することだけでなく、それぞれの子ども集団に成立している複雑で見えにくい精神風土を理解しながら、集団のなかでの子どもを適切に指導することが求められている。集団生活のなかで、子ども一人ひとりを理解するという大切で困難な仕事も、個に応じた学習指導や生活指導も、教師が一人単独でがんばることはけっして適切ではない。職場の同僚と協調し協力して仕事に取り組む姿勢がすべての教師に求められているのである。

3　学校の「先生」の構え

(1)　子どもとの距離感

朝の教室に入ってくる子どもたちを、換気をしながら待ち受ける教師は多い。たいてい子どもの前で腕組みをせず、自ら「おはよう」と挨拶するタイプの教

師である。挨拶の返事を返さない子がいると、「目上の人より先に自分から挨拶すべきだ」とお説教をする代わりに、その子の笑顔を引き出そうと他愛のない会話をし始める。前夜の寝不足の理由を理解したり、胸の内に秘めた不満や怒りを受けとめたりすることができないかと歩み寄るのである。子どもに迎合し、その場しのぎの機嫌取りをするのではない。権威を持ち込まずに子どもの心にノックしようと努力しているのである。カウンセリング・マインドは、研修会で学ぶこともあるが、大事なことは毎朝の教室で、子どもとの対話を通して実習できる。そんな教師と出会った子どもは、さりげない優しさを具体的に学ぶのである。

　一方、校則を遵守することに厳格な指導をする教師陣に囲まれて学校生活を送ると、子どもたちはルールに忠実で例外を認めない指導を好むようになる。状況に応じて臨機応変に対処するという指導は公平性を欠くと考え、校則自体を自主的につくり直すという発想も生まれにくくなる。こういう雰囲気が支配的な学校からはユニークな教育実践が生まれにくいが、子どもたちの実態や学校の荒れ具合によっては、こうした指導体制が適切な場合もある。こういう「秩序」をつくる仕事に取り組まざるをえないときの教師はつらい。学校のメンツでも自己保身でもなく、正当に授業を受けたい子どもを守るために嫌われ者になるのである。そういう教師の思いを子どもたちが理解するのはずっと後のことになるが、指導姿勢に一貫性を失わないことで、子どもたちから不当な反感をもたれずにすむこともある。反対に子どもから嫌われることを恐れて"機嫌取り"をする教師は、子どもたちに教育的なメッセージを伝えることが難しくなり、やがて子どもたちからの信頼も失うことになる。

　また、周囲との軋轢を覚悟のうえで、校内の慣習や校則の見直しを訴える教師がいる。自分の納得できないことには簡単に従ってはいけないという行動モデルを実践する人である。思春期の子どもたちの複雑な心理をさらに動揺させかねない冒険的な指導でもあるが、そんな教師と出会った子どもたちは、物事を自分で考える人になるかもしれないし、"空気を読む"ことばかりに神経を使う集団に疑問をもつようになるのかもしれない。

教師が子ども一人ひとりと接する際の距離感は，経験を積むことで自ずと体得できるという技術的なものではない。豊かな教育観に裏づけられた指導理念が，大きく影響することになる。

(2) 子どもを「評価する」まなざし

中学や高校では，授業の内容以上に定期考査の出題内容や難易度が子どもたちに大きな影響をもたらす。学習塾や予備校でも通信添削でも，学校と同様にテストを実施するが，同じテストでも出題する人の子どもたちへの思いが大きく異なる事実がある。

たとえば，日常どんなに優れた授業が展開されていても，中間および期末テストの問題が「考えずに暗記する」だけで答えられる形式で，市販の問題集の抜粋コピーばかりだったら，子どもたちはその教科の授業をまじめに受ける意識が薄れ，テスト前だけの対策勉強がパターン化する。それに対して，教師が自分のオリジナルな授業内容をふまえて，授業に意欲的に参加した子ほど正答率が高くなるような独自の問題を出題することに努めたらどうなるだろうか。問題をつくる教師の苦労も筆舌に尽くしがたいものがあるが，ひたむきに授業に参加して能力いっぱいに努力している子に，なんとか高得点を取らせて自信をもたせたいと考えるのが学校の教師の常である。そういう教師の思いにふれたとき，授業に集中する子どもが増えてくるし，教科書の語句をひたすら暗記するタイプの勉強を卒業する子も出てくる。「結果が重要だ」と教えることも必要であろうが，学校では「努力の過程こそが大切だ」と思える子どもを育てるために，教師は学びのプロセスをていねいに評価する人でありたい。

また，テストの難易度を上げると当然ながら平均点は下がるが，子どもたちは獲得点数だけをみて，その教科に対するイメージが悪化し，興味・関心も失い，苦手意識をもってしまうという傾向がある。子どもたちにとって興味・関心の薄い科目の勉強は苦痛であり，学力を上げることは難しくなる。

一方，難易度を下げて平均点を上げることで，その教科へのイメージが好転し，教科内容に対する興味・関心も高まるということは多くの人が経験的に理解できる。しかし，難易度を下げた分だけ目標水準が甘くなり，子どもの可能

性を伸ばしたり、適切に鍛えたりすることができないという批判を受けることにもなる。

「学校」という場所で学習指導する教師は、テストの点数だけで教科の成績を出すことはめったにない。子どもを点数で輪切りにし、序列をつくることに教科教育としての意味を見いだせないからでもある。テストの最大の目的は、それまでの学習の成果をその子なりに確かめ、どこがよく理解できていて、どこに弱さが残っていたのかを自己分析することである。教師は具体的な学習アドバイザーとして子どもに寄り添い、テストの結果をもとに自己評価させ、次なる自分の課題を追究していく子どもを育てたいのである。教師たちのこういう評価観は、子どものみならず保護者等からもなかなか理解されないが、きわめて重要な教師のまなざしである。

(3) 教育課程外での教育的指導

教師が教育課程外の仕事に携わることは少なくない。その典型がいわゆる「部活動」である。始業時刻前の朝練習が日常化している学校が日本では非常に多い。小学校の合唱部やブラスバンド部、そして中学校の部活動の多くが、自主練習を名目とした「朝練」を実施している。放課後や休日の部活動だけでは練習時間が足りないと考えてのことであるが、それを指導する教師たちは、自分が休みたくても家族が病気になっても休めないことが多い。内情を知らない人からは、単なる教師の自己満足だと批判されることもあるが、部活指導に教師生活をかけているような一部の顧問教師は別として、多くの教師たちは必ずしも自分が技術指導できる部活動を担当しているわけではなく、目的意識をもった部員たちの意欲と保護者の熱意に応えるべく、プライベートな時間まで切り削って時間外勤務を続けている。そんな教師たちの犠牲のうえに成り立っている部活動は、子どもたちにとってはほかに代えがたい人間教育の場にもなっているから、結果的に教師たちもやめられないでいるのである。多くの子どもたちにとって、顧問教師との出会いはかけがえのないものとなる。

しかし、教師の指導に熱が入りすぎて、子どもの心身の健康状態よりもクラブの伝統や秩序を優先したり、賞の獲得が活動目的になってしまったりする傾

向があることも事実である。節度をもつことと上下関係を重んじることは別のことなのに，軍隊式の統率が支配する部活動が相変わらず残存するのは，指導者の意識がなかなか変わらないことにも原因している。

　部活動の本当の厳しさは，権威や暴力まがいの指導で威嚇される怖さではなく，自分自身が常に向上心をもって自己課題を克服していく経験の連続のなかに内在している。自分の実力や自分の努力の結果が，周囲との関係において明確に自覚できてしまうシビアな世界でもある。大学生に小中高校時代の思い出を語らせると，もっとも印象に残るエピソードが部活動であるケースが多い。日本の学校での部活動は，民間のスポーツクラブチームや学童保育でのスポーツ活動などとはまったく異なる意味をもち，ここで流す汗と涙は，他では得難い貴重な感動をともなう。それでも，部活動を指導する教師の負担は過剰となりがちで，近年は顧問不足から，廃部に追い込まれる部活動が激増している。

(4) 多様な人材

　学校にはいわゆる「一芸に秀でた先生」がいる。箏やバイオリンの奏者だったり，個展を開くような芸術家であったり，オリンピックをめざしたことのあるアスリートだったり，詩歌や書道の達人だったりと多彩な顔ぶれが集まることが多い。そうした特技をもつ教師と出会えた子どもたちは，文化の価値を学びとりやすい。しかし，何も自慢できる特技をもたず才能に恵まれなくても，ひたすら自分の目標の実現に向けてひたむきに努力する地味な教師がいる。子どもの前で，下手な楽器を練習し，恥をかきながらも懸命に努力し続ける姿を示しながら，子どもたちに自分の可能性を信じて挑戦していく勇気を教えているのである。子どもに勝てることや子どもより知識を豊富にもっている分野だけにしかかかわろうとしない大人が多いなか，自分の格好悪さを見せられる教師と出会った子どもたちは，人より秀でた才能を自分のなかに見つけられなくても，ひたむきに生きていく大切さを学ぶのである。

　近年，"即戦力"として活躍できる教師の需要がいっそう高まり，個性的な人間であるよりもオールマイティな模範的教師を求める声が高まっている。しかし，子ども一人ひとりが多様であるように，教師も個性的であってほしい。

そして多様な個性が絶妙なハーモニーで奏でられるように協調して教育実践に意欲する教師のチームワークが今求められている。

4 学校で働く「先生」以外のサポーター
(1) ALT (Assistant Language Teacher)

　国際化社会へのさらなる取組みが求められる今日，ALT (外国語指導助手) として多くの外国人が全国各地の学校に派遣されるようになった。かつて，文部省 (当時) は1977年に「米国人英語指導主事助手制度」を開始し，その翌年には外務省および文部省が「英国人英語指導教員招致事業」に着手，さらに1985年には自治省 (当時) が「国際交流プロジェクト構想」を出した。そして，外務省・文部省・自治省の3省共同プロジェクトとして実施されたのが「語学指導等を行う外国青年招致事業 (Japan Exchange and Teaching Programme; JET)」である。この事業は地方公共団体が実施主体となり，初年度 (1987年) には848名が英語圏の4カ国 (アメリカ，イギリス，オーストラリアおよびニュージーランド) から招致された。JETの当初の職種は，地方公共団体で国際交流業務に従事する「国際交流員」(CIR) と公立中・高等学校において外国語指導の補助等を行う「外国語指導助手」(ALT) の2種類であった。その後，次第に招致対象国を増やし，1994年度からはスポーツ指導を通じた国際交流業務に従事する「スポーツ国際交流員」(SEA) の招致も開始された。また，小・中学校における「総合的な学習の時間」の新設 (2002年) を契機に国際理解教育の一環としての英会話教育が推進され，新しい学習指導要領では小学校の高学年に「外国語活動」が導入された。

　しかし，外国人講師については学校でトラブルが絶えない実態もあり，最近ではJETではなく民間の外国人派遣会社と契約してALTを確保する自治体が増えている。今後は，ALTと日本人教師が協力して望ましい授業を運営していけるように，ALTからみた日本の教室文化への疑問，あるいはその学校の教育的慣習への違和感なども積極的に取り上げて，教師自らが「外国人からみた自分たちの特殊性」に気づいていく必要もあるだろう。それと同時に，小

学校でも外国語活動が必修となった今，授業にかかわる ALT の研修を充実させていくことも今後の課題だといえる。

(2) スクールカウンセラー

　スクールカウンセラーという立場の人が学校で活躍するようになって久しい。学校のなかで，精神的な悩みを明かせる外部の専門家あるいは相談相手として，心理の専門家や学生ボランティア等が学校内に配置されるようになった。「心の相談員」「さわやか相談員」などとも呼ばれ，1週間に1～3回程度学校に滞在し，来室者・相談希望者が来るのを待っている。一部の先進校では，教員有志が新人教師の悩みを聞き合う座談会を企画し，スクールカウンセラーに同席してもらうという実践事例もある。「いじめ」や「不登校」が社会問題となり，心理面のケアを担う専門スタッフが学校のなかに入り込む必要性が叫ばれたころから「スクールカウンセラー」を制度化した自治体が多い。ただし，心理カウンセラーと連携して取り組む教職員の体制ができていない学校が多く，スクールカウンセラー制度は十分にその機能を果たしているとはいえない。

　欧米における「スクールカウンセラー」は，一般的に子ども個々の進路と関連した資格取得のガイダンスや選択科目にかかわるカリキュラム上のアドバイスを担当している。精神的な面での相談は，通常「スクールソーシャルワーカー」が担当している。また，日本では，心理カウンセラーがクライエント個人の心の問題として寄り添い，精神状態のケアや自己制御を支援する役割に重点がおかれているが，欧米ではソーシャルワーカーが，クライエントをとりまく周囲の人間関係やシステムとのトラブルとして問題をとらえ，問題解決のために学校と家庭や地域の関係を調整するための具体的なアドバイザーとなる。ソーシャルワーカーの行動範囲は広く，多種多様な立場の人をコーディネートし，お互いが連携協力し合える状況づくりをしたりするのである。日本の学校のなかにもソーシャルワーカー的な役割を担う人材が求められるが，一人ひとりの教師がソーシャルワーカー的な視野をもつことが重要であろう。

(3) 事務職員

　学校に事務職員を置くことは学校教育法で保障されている。その人数は文科

省の基準に拠っているが，その仕事内容は教員と同様に多忙をきわめている。一般的に教育の実践で鍛えられてきた教員やその管理職と，事務方で経験を積み重ねてきた事務職員では，学校運営上の経営感覚が異なり，日常の教育活動における予算配分の考え方などがずれてくることがある。その際，どれだけ事務職サイドの意見に耳を傾けられるかということは，健全な学校運営上とても大事な問題である。教員と事務員の役割分担は重要であるが，両者の間に主従関係が存在したり，接し方などに差別的な言動がみられたりするケースも少なくない。子どもたちにとっても，事務職員が学校には欠かせないスタッフであり，重要な仕事を担っているという認識をもてるような「校内学習」が実現されていることが望ましい。

(4) 現業職員とパート職員

地方公務員法第57条に規定する「単純な労務に雇用される者」を現業職員というが，学校で働く現業職員にはさまざまな職種がある。たとえば，農業高校の農場職員，養護学校など障害児学校で働く介助職員，給食の調理にあたる調理職員，そして学校用務員がいる。学校用務員は，かつては「小使い」などの差別的な呼称で扱われ，身分規定もない職種だったが，1975(昭和50)年にようやく学校教育法施行規則にて「学校用務員は，学校の環境の整備その他の用務に従事する」(第49条)と明記された。近年は地方自治体への交付金の削減や経営の合理化などの影響により，学校現業職員の待遇は悪化し，人員削減の対象になっている。一方，自治体の現業職員に代わって，入札で参入する民間企業のパート職員が，学校の単純労働を担うケースが増えている。

いずれも教職員にとっては自分たちでは手が回らない仕事を担ってくれる裏方スタッフであり，子どもたちにとっては学校で出会う教師以外の貴重な大人である。多くの場合，学校現業職員は地域住民でもあり，子どもたちの祖父母の年齢であることが多いため，子どもたちとの出会わせ方次第では，学校のお祖父ちゃんお祖母ちゃんとして子どもたちにとってもかけがえのない存在になりうる。それがサービス業のパート職員へとスタッフが入れ替わっていくとき，学校の教育力にもなんらかの影響がもたらされるだろう。現業職員にしてもパ

ート職員にしても，子どもたちがこうした校内スタッフの名前も知らず，挨拶もせずに日常を過ごすということがあったら，結果的に職業に対する偏見を学校が日常的に刷り込むことになりかねない。学校で働く教師以外の大人たちも，子どもたちと接することを喜びとしているのである。

(5) PTA

PTA という組織は，Parents（親）と Teachers（教師）が連携協力する Association（協会）という意味であるが，日本では教師の仕事が多忙化するなか，一部の保護者の代表がイニシアチブをとって，自主的に学校の活動を支援する組織になっている学校が多い。また，多くの場合，主たる活動メンバーは母親であるにもかかわらず，PTA 会長は男性が務めるという慣習が暗黙の了解になっているケースが多い。さらに，旧来の慣習がそのまま踏襲され，実情に合わなくなった活動が見直されないまま続けられている PTA 活動の事例は枚挙にいとまがない。

ところで，通常の保護者会はほとんど母親の集まりとなるため，保護者同士の意見交流も学校への要望の内容も，母親からの声が基本となる。しかし，父親たちの集まりを開いて懇談してみると，学校への教育ニーズが母親たちとはかなり異なることが珍しくない。そこで，ふだん学校の保護者会に出席する割合が少ない父親同士が，学級という枠にこだわらず，親同士の親睦を兼ねて集まり，子どもたちの教育に積極的にかかわろうという主旨で結成されるのが「親父の会」である。この会は PTA 活動をサポートすることを前提としているが，形式やノルマなどにとらわれない自由度がある点にユニークさがある。しかし，本来は親父の会などというように特別の会合を設けなくても，保護者会に父親も大勢参加できるような環境の構築が望まれる。

近年，学校に不条理な要求をする親，いわゆる「モンスター・ペアレンツ」なる用語がマスコミに登場する機会が増えてきた。教育に熱心なあまり過剰な要求を迫るケースのみならず，社会性に欠ける親，無関心どころかネグレクト（無視）や DV（家庭内暴力）等で子どもの人権を軽視する親も存在し，支払い能力があるにもかかわらず子どもの給食費を払わない確信犯も減らない。こうし

た親たちが，教師の仕事をいっそう圧迫しているのも事実である。しかし，多くの保護者は，教師を信頼できると思えたときには最大限の協力をしてくれるパートナーとなる。教師が保護者に対して権威的にならず，可能な限り学校での情報をオープンにするとともに，それぞれの親の目線に合わせて子育ての悩みを家庭と共有するスタンスに立つとき，モンスター・ペアレンツは教師のサポーターになりうる。教師自身もPTAの構成員であるという自覚をもつことも大切である。

2 子どもの「放課後」にかかわる人たち

1 学校以外の子どもの時間

往々にして学校教育に携わる人々は，学校以外のさまざまな場所でも子どもはいろいろなことを学び，学校の外で得たエネルギーを学校生活に生かしているという事実を軽視しがちである。もちろん学校外の世界からもたらされる影響は，必ずしも教育的に望ましいものばかりではない。年間35時間の「道徳」の授業をどれだけ熱心に取り組んだとしても，その何倍もの時間を，子どもたちは刺激的なサブカルチャーの世界に浸ることに費やしている。テレビ番組やゲームの内容に子どもの行動規範が影響を受けることも珍しい話ではなくなっている。子どもは教師の意図しないところでたくさんの人と出会い，それらの人たちの影響も受けながら，その子なりの社会観を形成しつつ成長しているのである。大切なことは，誰もが均一の生活行動様式に統一されることではなく，多様性が尊重され，一人ひとりの存在が大事にされる経験である。そのなかで，子どもたちは自分自身が認められていることに安心感を覚え，存在価値を確認するのである。

教育的に計画された学校での正課時間を終えた後（放課後）の子どもたちに，自分自身で自分のやりたいこと（やるべきこと）に取り組む時間を確保することはきわめて重要である。そして，家庭環境の複雑な子どもの立場にも目を向けて，安心して放課後の時間を過ごせるような「居場所」を確保することも，学校での生活を健全なものにしていくための必要条件なのである。

2 厚生労働省が管轄する放課後事業

(1) 学童保育（放課後児童クラブ）

　男女共同参画社会の推進や労働時間の多様化が促進されるなか，子どもたちの放課後の居場所づくりはいっそう重要度を増している。日本では1997（平成9）年6月にようやく「児童福祉法等の一部改正に関する法律」が成立し，学童保育がはじめて法制化され，1998年4月から学童保育は児童福祉法と社会福祉事業法に位置づく事業となった。学童保育は，「放課後児童健全育成事業」という名称で，「国と地方自治体が児童の育成に責任を負う」（児童福祉法第2条）と定められ，呼称は地方自治体ごとに「学童クラブ」「子どもクラブ」「留守家庭児童会（室）」「児童育成会（室）」などと多様である。その対象者は「小学校に就学しているおおむね10歳未満の児童」（児童福祉法第6条）とされ，「放課後の時間に保護者が家庭にいない者に，児童厚生施設等の施設を利用して適切な生活の場を与え，その健全な育成をはかる事業」と規定されている。全国学童保育連絡協議会の調査（2011年，東北の一部市町村を除く）によると，約82万人の児童が全国2万カ所以上の学童保育に入所しており，法制化後13年間で，施設は2.1倍，利用児童は2.5倍に増えた。まだ3割以上の小学校区に設置されておらず，学童保育の設置が入所希望数の増加に追いつかず，過剰人数により大規模学童保育にならざるをえない現場が多いという実態がある。

　学童保育では，一人ひとりの子どもに対して安心感のある生活を保障するため，連絡帳やお便りで保護者と日常的に連絡を取り合い，精神面での支援も含めた個別対応と，子ども同士の関係づくりにも取り組んでいる。多くの場合，父母会が結成されており，年会費を徴収して保護者同士の連携がはかられている。連絡なく欠席した子どもがいたら指導員がその所在を確認し，子どもが来ないという場合は，指導員がその理由や原因をつきとめ，保護者とも相談しながら問題に対処する。学級担任同様に細やかな子どものケアをしている。

　学童保育に登録している子どもたちは，家庭で過ごすのと同様に休息したりおやつを食べたり友だちといっしょに遊んだり，掃除や学校の宿題に取り組んだりもする。室内だけで過ごすわけではなく，公園に遊びに出たりそこから塾

へ行ったりする子もいる。まさに，学童保育を利用する子たちにとっては「放課後の生活の場」そのものである。

学童保育の実施場所は，学校の余裕教室，学校敷地内専用施設，児童館・児童センター，公的施設利用，民家・アパート，保育所のほか，団地集会室や商店会の空き店舗等を利用するケースもある。土曜日や夏休みは朝から開設するところが8割あり，小学校で過ごす時間よりも約510時間多い年間1650時間もの生活時間を子どもたちは学童保育で過ごしている。

(2) 児童館（児童センター）

学童保育の施設としても活用されている児童館には，お菓子づくりなどの料理をする部屋をはじめ，絵画や工作の作品づくりをする部屋，ちょっとした音楽活動が楽しめる部屋，囲碁・将棋や各種ゲームを楽しむ部屋など複数の部屋が用意されており，ミニ体育館や図書館機能を兼ねた部屋を完備している児童館もある。「児童館」という名称からか学童保育だけの施設だと思われがちであるが，児童福祉法における「児童」とは満18歳に満たない者をさすのであり，高校生も参加しやすいプログラムを積極的に企画する児童館もある。現在，地域社会において児童館・児童センターは全国に4700館以上存在するが，子育て支援の活動から不登校の子どもたちや軽度発達障害の子どもたちへのサポート，DV（家庭内暴力）が疑われる家庭の子どものケア，そして外国籍児童の受入れなど，学校以上に複雑多様な家庭の問題を受けもつ，貴重な地域施設となっている。

ここで子どもたちのケアをする職員は，多くの場合，社会福祉事業団（社会福祉協議会）が採用する児童厚生員（常勤職員または非常勤職員）に加え，学童保育を担うスタッフから成る。児童福祉施設で働く児童厚生員は以下の3条件のいずれかを満たす者とされている。

① 母子指導員の資格を有する者（児童福祉施設職員養成校の卒業者，保育士の有資格者，高卒以上で2年以上児童福祉の仕事をした者）
② 幼・小・中・高のいずれかの教諭資格をもつ者
③ 大学で心理・教育・社会・芸術・体育いずれかの学科を卒業した者で，

その施設の設置者（都道府県知事もしくは市町村長）が認めた者

　ここで働く職員は，夜も祝日も親といっしょに過ごせない子どものこともケアすることがある。性風俗の店で働く母親たちが住んでいるマンションで，テレビゲーム漬けの生活を送っている子どもの生活習慣を指導したり，刑務所に服役中の暴力団組員の父親をもつ子どもの遊び相手になったりすることもある。児童館を利用する子のなかには，就学前の幼児期から10年以上の長期間にわたって児童館に通い続ける子もいるが，学校の担任教師の知らないところで何度も家庭訪問を繰り返して，基本的な生活習慣のサポートを続けている職員もいる。また，外国籍児童に対する日本語指導や精神的なケアも担当する場合がある。児童館職員は，学校の教師には見えない子どもの生活現実に入り込んで，警察や児童福祉局などとの連携をとりつつ，子どもの居場所を確保しているのである。一般家庭においても，核家族化や少子化にともなう家族形態の変化および都市化の進展にともなう近隣住民との人間関係の希薄化により，子育てに悩む親が気軽に相談できる相手を見つけられず，「密室の子育て」による孤立感や不安感を募らせ，精神的な疾患をかかえてわが子を虐待してしまうという悪循環も問題になっている。

　児童館の職員に「困ること」を聞いてみると，「学校の先生方と連携して子どものケアに取り組むことの難しさ」だという答えが圧倒的に多い。児童館で問題のある子の態度をみれば，学校での様子も想像がつくため，学校の先生たちの指導をサポートする意図で連絡しても，多くの場合は歓迎されないという。教師は，児童館の職員から子どもの貴重な情報を得られる可能性が高いことを理解し，不誠実だと誤解されないような対応を心がける必要がある。「○○学校の△△先生なら児童館の活動に理解がある」という情報が，地域の児童館同士で共有されているそうだが，もっと多くの先生方が児童館の実情を理解する必要がある。「学校の先生は，自分で問題をかかえ込まずに，もっと外部の機関を利用すべきだ」という声を，児童館職員からたびたび耳にする。

3　文部科学省が管轄する放課後事業
(1)　放課後子ども教室

　文部科学省が行う「放課後子ども教室推進事業」は，2004（平成16）年度から3ヵ年計画として実施された「地域子ども教室推進事業」の発展版として，2007（平成19）年度から実施されている事業である。小学校の余裕教室を活用して，地域のさまざまな方々の参画を得て，子どもたちとともに学習やスポーツ，文化活動，地域住民との交流活動等の取組みを実施している。この事業には，①コーディネーター，②安全管理員，③学習アドバイザーが必要とされるが，ここでいうコーディネーターの仕事内容は，放課後子ども教室と放課後児童クラブとの連携についての調整や，保護者に対する参加の呼びかけ，学校や関係機関・団体等との連絡調整，地域の協力者の確保・登録・配置，活動プログラムの企画等を行うこととされている。

　また，厚生労働省と文部科学省が一体となって取り組む事業として発足した「放課後子どもプラン」(http://www.houkago-plan.go.jp/)は，学童保育と放課後子ども教室を連携させた複合型プロジェクトであり，神奈川県川崎市の「わくわくプラザ」や，東京都品川区の「すまいるスクール」などのように，自治体が学童保育を廃止し，全児童を対象とした「放課後子ども教室」としてプロジェクトをスタートさせるケースもある。

　今後は，市町村教育委員会が「放課後子どもプラン」の策定と具体的な取組みを推進することになるが，各地の地域事情に即した施策が求められる。

(2)　放課後学習チューター

　文科省は2003（平成15）年から「放課後学習チューターの配置等にかかわる調査研究事業」を都道府県の教育委員会に向けて公募した。その実施要項において，趣旨は次のように説明されていた。

　　放課後の学習相談をはじめとした児童生徒へのきめ細かな指導を一層充実させ，児童生徒の学習上のつまずきの解消や学習意欲の向上を図るとともに，教員志望者の将来の教員としての資質・能力の向上につなげる等の観点から，教員志望者等を「放課後学習チューター」として活用するための方策等について実践的な調査研究を行う。

この調査研究の委嘱を受けた都道府県教育委員会は，最寄りの教員免許課程を有する大学および域内の市町村教育委員会と協議のうえ，推進地域を指定するとともに，推進地域内において研究協力校を指定することとされた。

　放課後チューターの仕事は，教師を志す学生にとって貴重な体験となることはいうまでもなく，ボランティアでも積極的に取り組むことを奨励したい経験である。学校の教師にはなかなか言えないことでも，チューターの大学生には気軽に相談できるという子どもたちの声も多い。しかし，放課後チューターを期待する保護者のなかには，学習塾や家庭教師に勉強を指導してもらうより，無料の個別指導が受けられるこの制度の方が得だという動機で応募してくるケースもある。また，学校側からチューターに対して，放課後に居残る子どもたちに関する情報や，学習支援にかかわる具体的な指示や依頼がなされず，単なる自習監督になっている現場もある。放課後チューターの成果をあげるためには，教師とチューターとが指導方針や具体的な指導法についての適切な情報交換が必要である。

4　「放課後」と子どもの居場所

　地域や家庭の教育力の低下が叫ばれて久しい。生きる力と確かな学力を身につけるという大目標の実現のために，学校教育をさらに放課後の生活時間にまで拡大させて，子どもを指導しようとする声が高まっている。保護者も，安心して子どもを預けられるよう，管理者の目の行き届く場所に子どもを囲い込んでおいてほしいと考える人が増えてきた。昨今の子どもの登下校途中の事件がその傾向に拍車をかけている。

　子どもたちも学校の教師たちも時間に追われ，多忙を極める今日，「放課後」をどのように考えるのかが今問われている。学校では事実上あまり選択の余地のないカリキュラムと生活行動パターンに合わせて，決められた時間を過ごす子どもたちにとって，放課後は枠から解き放たれた自由な時間である。自分で場所も時間も過ごし方も決めて，生活時間をコントロールしていく経験を積み重ねていく大切な学習の機会でもある。時には，ゆっくりと体を休ませながら

予定のない時間を過ごしたり，おしゃべりに夢中になったりする時間があってもいい。「放課後」は正規の学校時間とは違うことが大切なのである。敷かれたレールの上を歩ませるのではなく，自分で生活時間を試行錯誤しながら自己設計していく学びの時間を，子どもたちに残しておくことも忘れてはならない。

3　学校の「先生」に求められる視野

1　「先生」が陥りやすい意識

　多くの教師は，保護者に対して厳しい注文をする一方で，ひとりの親に戻ったとき，他人に要求しているような家庭教育をわが家で実現できていない矛盾に悩んでいる。また，地域の育成会や町内会で協力して企画運営するはずの週末のイベントも，自分の疲労回復を優先して地域貢献を断念するにもかかわらず，「地域の教育力が低下した」と他人事のように評論する自分に気づいて落ち込むこともある。家庭や地域での子育ての難しさを十分に理解していても，「先生」という立場におかれた瞬間に，教育指導者としての役割を演じる人になるのである。

　また，毎日大勢の子どもが生活するコミュニティの指導者として，相応の言動を要求される時間があまりに長いためか，多くの教師は一般公務員や民間で働く社会人の感覚とは異なる態度様式を身につけているとされる。市民社会においては問題視されることが，学校内部では「いつものこと」として踏襲され，その問題性に気づかないということがある。子ども一人ひとりはまったく異なる人格をもつのに，毎年数百人の子どもたちから「先生」と呼ばれ続けるなかで，「連中」と呼んでみたり，「このクラスは……」とか「この学年の子たちは……」というレッテル貼りをしたりすることに違和感をもたなくなる教師がいる。毎日元気に登校する子どもや，教師の指示に素直に従う子を「普通の子」とみなし，不登校の子や教師に逆らう子を「普通ではない子」と断定してしまう教師も少なくない。また，テストの平均点が下がった場合，冷静に原因を分析しようとすれば，授業者と子どもたちとの相性が悪かったケース，授業者の熱意や授業の質が低下したケース，出題された問題自体の妥当性や難易度に原

因があるケースなども候補になるはずであるが,「生徒の能力低下」か「生徒の努力不足」が原因だと決めつけてしまう教師も少なくない。

　一般的に,教師になる人は,小中学校時代に学校の授業についていけなかったという人は希で,往々にしてリーダーシップも兼ね備えた優秀な子どもだったという人が多い。そして,子ども時代にその人にとっての「理想の先生」との出会いがあり,自分が子どものころの学校生活をプラスイメージでふりかえる人が相対的に多い。親や教師が用意したコースを従順に歩み,それなりに学生生活を謳歌することができたことで,自分の受けた教育に疑問をもつ動機が生まれないのである。「自分が受けてきた教育のおかげで今の自分がある」という検証不可能な思い込みにより,自分と同様の経験を教え子に与えていこうとする教師が少なくない。それは間違いなく善意であるが,教育実践の視野を閉ざしたまま,ある種の教育活動を再生産していることに気づけないのは,子どもたちにとって不幸なことかもしれない。自分の教育観や実践を広い視野から省察できないタイプの教師は,問題が解けずに苦しんでいる子に,自分が理解した方法で子どもに教えることには優秀性を発揮するものの,子どもがどういう部分でつまずいているのかを理解することは得意ではない。それぞれの子どもなりのわかり方に歩み寄ることが苦手である。また,学校の"標準"(=「普通の子」)からはみ出てしまう子を「ダメな子」として区別し,その子の心境を理解する努力を怠ったまま,校則などの権威にたよった指導に依存しがちである。自分の子ども時代と同様に,教師の指導にきちんと従ってまじめに取り組んでいる多数の子どもたちからの信頼を失うことを怖れるのである。かくして,教師が設定するスタンダードからはずれた子どもたちは,自分の居場所を学校内に見つけることが困難になるのである。

　学校の教師は,その仕事圏の狭さと,子どもを対象にした特殊な立場におかれることから,偏った意識をもちやすいコミュニティに生活しているが,自分の立つ足場を常に複眼的な視野で確認してみる謙虚さが求められる。

2　教師に期待される視野

　毎日のように「教師の不祥事」が報道される今日,「先生」の社会的信用度は急降下し,保護者や子どもたちから尊敬されなくなった教師は自信を失いかけている。目の前の子ども一人ひとりの健全な成長を願って,苦しみながらも地道に実践を重ねている大勢の教師たちを,外野で見ているだけで実情も知らずに,また,教師たちの悩みに耳を貸そうともせずに,安易に学校や教師を批判する人がいる。たしかに学校が自己変革を迫られる面も少なくない。それでも,これまで学校のなかで教師たちがはぐくんできた文化は,けっして否定されるものばかりではない。

　さまざまな犯罪や不正,不条理な慣習等が存在する現実社会のなかで,純粋に大人が子どもに対して,人を疑わず信じ合うことの尊さや,人を蹴落としてまで自分の利益を得ようとすることの醜さを教える場はほかに乏しい。公正さ,寛容さ,粘り強さ,正義感,責任感,自主性,社会性など,通知票の評価項目に触れるような規範意識を,日常の学校生活の具体的場面で日々指導し,直接に評価して子どもを育てている最大の功労者は,学校の「先生」に間違いない。また,快適で便利な時代に生まれ育ち,過剰な情報刺激のなかで生活している子どもたちにとって,必死に努力した結果として流し合う汗と涙,仲間と連帯して得られる感動等に心をふるわせられる場所が,唯一「学校」だという子も少なくない。

　子どもをとりまく教育環境をより良いものにするためにも,子どもを指導する自分自身の視野を偏狭なものにしないためにも,「子どもが学んでいる場所」にかかわる多様な人々の存在を自覚し,少しでもそれらの人々とのコミュニケーションを深めていくことが,いまの学校で生きる教師一人ひとりに求められている。

3　つながり合うことの意味

　教師は,広い視野と柔軟な教育観をもっていたい。「育成すべき子ども像」を掲げ,自分の信じる価値観でどの子も同じ鋳型にはめようとする閉じた教育

を乗り越え，立場の異なるさまざまな人の視点で学校教育を見つめる努力をして，多くの関係者と信頼関係でつながり合っていくという開かれた教育を志向することが求められる。子どもがそれぞれの成長のプロセスに出会うであろうさまざまな立場の人の日常に関心をもち，自分も教育ネットワークの構成員であるという自覚をもって，教師にできることとできないこと，すべきこととすべきではないことを見きわめていくことも大切である。

　一人ひとりの子どもに対して最善の教育を施すための力量を身につけていることが教師の「一人前」であるとすると，それは他人にたよらずひとりですべてをこなせる人を意味するのではなく，自分を含めて多くの人の力を繋ぎ合わせ，子ども一人ひとりの豊かな学びを多面的に支えていこうとする教師を意味するのである。これからの学校に期待されている教師は，豊かな視野をもち，多様な人材をコーディネートし，文化的実践としての授業づくりに参画していける「学習者」としての教師であり，子どもの学びを支えていく専門家なのである。

【伏木　久始】

考えてみよう
1. 教師の日常の仕事にはどの学校でも大きな差はないはずなのに，ユニークな実践で活気づく学校がある一方で多忙感が増大し，教育への意欲が冷めてしまう学校がある。その原因としてどのような問題が考えられるか。想定できる要因をすべて列挙してみよう。

参考文献
藤岡完治『関わることへの意志－教育の根源－』国土社，2000年
藤井誠二『学校の先生には視えないこと』ジャパンマニシスト，1998年
浜田寿美男・小沢牧子・佐々木賢編著『学校という場で人はどう生きているのか』北大路書房，2003年
家本芳郎『子どもと生きる教師の一日』高文研，2005年
木村浩則『「つながり」の教育』三省堂，2003年
乾美紀・中村安秀『子どもにやさしい学校』ミネルヴァ書房，2009年

第4章 日本の学校教師，その特性

1 学校の変化と教師の「専門性」の変容

1 教師の「専門性」とは何か

　学校が変わりつつある。社会が変化するかぎり，その変化に対応するために学校が変化を続けるのは必然ともいえる。しかし，近年，「学校の変化」としてとらえられる問題にはいくつかの重要な論点が隠されているうえ，それが学校や教師のイメージを変えつつある現実は軽視できない。

　「学校の変化」と教師の「専門性」はどのように関係しているのだろうか。学校がかかえる問題としてすぐに思い浮かぶことに，いじめ，登校拒否・不登校，授業崩壊・学級崩壊，学力水準や学ぶ意欲の低下などがある。このような問題に加え，最近は教師の不祥事も相次ぎ，「教師不信」ともいえる状況が生じている。もちろん，この「教師不信」は一部に認められる現象であって，教師の大多数は信頼できる教育者として熱心に教育活動に取り組んでいるはずであるが，その現象が学校や教師のイメージを変える力を容易にもちうることは事実であり，教師の「専門性」のとらえ方の変化と連動するものでもある。

　言いかえれば，今日の「学校の変化」は，近代以降，すべての者に組織的に教育を提供するという社会的役割を果たしてきた学校が「機能不全」に陥っていることを認識させるものであり，そのことが学校に変わることを求めているともいえる。それはもちろん社会の動きに合わせた変化を求めることにとどまらない。教師の専門性そのものにかかわる変化を求めている。実際に，いじめ，登校拒否・不登校，授業崩壊・学級崩壊といった問題に対処し，学力水準を確保するため，教師には「実践的指導力」が求められるようにもなったし，学校

を変えるために新しい取り組みも行われてきた。たとえば,「開かれた学校づくり」として保護者,地域住民,教育や福祉の専門家などが学校での教育活動に積極的に参加することが求められるようになったり,学校という組織を経営的発想でとらえる校務分掌のあり方が模索されるようになったりもした。

このような動きは,1996年ユネスコの「教師の役割と地位に関する勧告」に示された教師モデルにも通じるものがある。国際的な動向として,教師の専門性のとらえ方も変わってきているが,子どもたちの主体的な学びを助ける者としての「ファシリテーター」の役割や,一定の教育目標のもとにその教育活動を支える関係者間の調整をする者としての「コーディネーター」の役割が教師の役割として付与されるようにもなってきている。

このような学校の変化と教師の専門性の変容について理解するために,まずは教師の専門性とは何かを考えてみようと思うが,その前に「専門性」や「専門職性」といった用語について確認しておくことにする。

エリック・ホイル(Eric Hoyle)は,「専門性(professionality)」と「専門職性(professionalism)」を区別し,「専門職性」を「ある職業のメンバーたちが,地位,給与,勤務条件向上のために用いる戦略やレトリック」とし,教師の「専門性」を「教師が教授プロセスで用いる知識,スキル,手続き」の意味で用いた[1]。それぞれの定義については時代や場所によって変化しうるし,議論の余地はあるだろうが,専門性とはその専門職の専門職性を担保する要件であるととらえることが妥当であろう。

それでは次に「専門職(profession)」とは何かが問われることになるだろう。専門職の概念については,とくに1950年代から60年代にかけて社会学の分野を中心にその定義が試みられてきた。エリオット・フリードソン(Eliot Freidson)は,それらをまとめて専門職概念の社会学的なとらえ方として次の2点をあげている。まず,比較的に威信のあるさまざまな職種から成る広範な階層にわたる職業集団で,その構成員はすべてが高等教育を受けており,特殊な職業的スキルよりも,その教育的なステイタスによって特定される職業を専門職とするとらえ方である。次に,特定の制度的・イデオロギー的な属性を共通に

もつ限られた職業を専門職とするとらえ方である[2]。

しかし，フリードソンも述べているように，専門職あるいは専門職性の定義が難しい理由はそのコンセンサスが得られないことにある。さまざまな定義があり，それぞれの要件には類似する事柄が含まれるものの不可欠な要因として決定的なものを統一的に特定することが難しいのである。フリードソンは，専門職を変化し続ける歴史的概念としてとらえるのではなく，総称的なものとしてとらえようとすることにこの問題の原因があるとしている[3]。

このことに関連し，イギリスにおける19世紀以降の産業構造の変化のなかで，専門職の用語法が変わっていったというフリードソンの指摘は興味深い[4]。つまり，新興中産階級は伝統的な専門職のステイタスを自らの職業に付与したいという思惑から彼らの職業に専門職の用語を用いるようになったという。それは国家が専門職にどのようにかかわったかということと無関係ではない。国家による干渉が小さい場合には，自らの職業に専門職という用語を用いることで，伝統的に専門職とされてきた医師，法律家，聖職者が保持していたステイタスを自ら獲得し，競争が激化する市場主義社会でライバルと伍していく１つの手段とした。そこで重要なのはステイタスだけではない。伝統的な専門職に内包される私心のない献身や学びのイメージが市場の競争から身を守るための努力を正当化するには有用であった。このようにしてイギリス，のちにアメリカでは専門職の概念が拡張され，その範疇に多くの職業が新しく含まれるようになったが，これは他のヨーロッパ諸国とは異なる状況だという。

このことは時代と場所によって「専門職」の概念が変容することを示しているだろう。ジェフ・ウィッティー（Geoff Whitty）が述べているように，今日の社会学者の間では，規範的な見方からではなく特定の時期に専門職だとみなされるものが専門職であるとされ，その多様性が認められる傾向にある[5]。「専門職」の概念が変容すれば「専門職性」のそれも変容することはいうまでもない。

また，ウィッティーは，今日のイギリスの教育改革をめぐる論争には，その改革が教職を「脱専門職化」しているという主張と，逆に「再専門職化」だと

する主張が並存しているととらえており興味深い。教師の専門職性をめぐる主張や論議が多様であることをまさに示すものであるが、このイギリスの状況についてはあとで見ていくことにする。

2 日本の教師とその専門性

私たちの多くは学校での教育を直接的に体験し、そこで多くの教師に出会ってきた。その意味で「教師」は家族、親戚、友人などと変わらない身近な存在といえるかもしれない。それぞれが抱く「教師」のイメージはさまざまであろうが、私たちが思い描く教師モデルを他国のそれと比較してみるとどうか。私たちが当たり前だと思っている日本の教師のイメージが、当たり前ではない世界もあるだろう。

日本の教師の仕事を諸外国の教師のそれと比較する場合に、もちろん同時代的な類似性もあげることができるだろうが、相違点も多々あるだろう。たとえば、日本の教師は、学習指導や生活指導から、場合によっては学校外での指導まで、その仕事内容には幅があり、教師には教育にかかわるさまざまな問題や課題を解決するスキルが求められることになる。いわば子どもたちの生活全体を視野に入れるような指導のあり方が想定されている。これには教育的な利点ももちろんあるが、教師にとっては自己犠牲的な教育活動への献身が求められるという過酷な側面をもちうるため、それに押しつぶされてしまう教師もいるだろう。

この点を欧米の教師と比較して「東アジア的教師」モデルの特色とする見解がある。たとえば、岩田康之は日本やタイの教師像を分析し、キリスト教的価値観に基づいた「プロフェッション（profession）」としての教師像にはなじまない「東アジア的教師」に共通した特色として「徳の体現者」としての教師像をあげている[6]。つまり、ある限定された専門的な事柄を神の信託を受けて代行するという「プロフェッション」としての教師イメージとは異なり、この教師モデルでは教師に人格的な要素、つまり専門性としての人間性が求められるという。このことは、昨今の教師教育改革論議でも取り沙汰されている教師

の「適格性」にもかかわる重要な点である。「適格性」の内容として何をどのようにとらえ、どの段階でどの程度まで判断するのか、あるいは判断できるのかは、教師の専門性の内容に直接に関係する問題である。

また、佐藤学は、戦後日本の教師教育には「専門家教育 (professional education)」としての理念と構想が欠落しており、それが教師教育のもっとも中核的な問題だとしている⁽⁷⁾。さらに、この問題の根幹には日本における専門家概念の欠落があると指摘している。前述したフリードソンの指摘からも理解できるように、教師の専門性や専門職性について考えるときには、英語の"profession"に内包される専門職性や専門性の文脈固有の特殊性に留意しながら、日本の文脈で専門職の概念をとらえ直すことが必要になるだろう。

ところで、佐藤は教職の専門職化において欧米諸国に遅れをとっている日本が教師教育改革を行うには全体的な改革が必要で、その前提となる要件をいくつかあげている。そのうちのひとつに「専門性基準 (professional standard)」の研究および作成がある。この「専門性基準」すなわち「プロフェッショナル・スタンダード」とはどのようなものだろうか。

2 比較教育的視点からみる教師
——イギリスのプロフェッショナル・スタンダードをめぐって

教職のプロフェッショナル・スタンダードをもつイギリスの例について見ていきたい。

1 ローカルな専門性から「標準化」されたそれへ

イギリスにおいて、教員養成の内容は1998年まではその主な担い手である大学などの高等教育機関の裁量に任されていた。1998年になってはじめて教員養成のナショナル・カリキュラムともいうべき、教職のプロフェッショナル・スタンダードが設定されたのであるから、比較的に最近の動向である。このプロフェッショナル・スタンダードはその後の改訂を経て、『教師の資格授与——有資格教師の地位のための専門性基準と教員養成の要件 (Qualifying to teach

― Professional Standards for Qualified Teacher Status and Requirements for Initial Teacher Training)』として施行されている。これは養成課程の学生が満たさなければならない要件を示すと同時に，教育機関が養成課程を提供する場合の要件を示すものである。つまり，これが教職の資格認定の基準となっている。

このスタンダードが設定される前は，イギリスの教師の専門性は，特定地域の学校という限定された場において意味をもつ「ローカルな専門性」であったといえる。しかし，スタンダードの設定は，教師に求められる「能力」をより明確な「基準」としてとらえ直すことで，教師の専門性を再定義し，「標準化」しようとする試みであったといえる。このプロフェッショナル・スタンダードを中核に据え，教員養成課程への査察基準や，導入教育や研修など他の職能基準もそれと整合するように整備され，一貫した水準管理基準が設けられている。教員養成課程の学生の評価もこのスタンダードに照らして行われるため，各養成機関は評価の判断基準を明確にしておく必要があるのである。

前述したように，このプロフェッショナル・スタンダードは，教師に求められる「基準(standard)」とあわせて教員養成課程に求められる「要件(requirement)」の２部構成になっており，「基準」としては，(1)専門職としての価値観と実践，(2)知識と理解，(3)指導，また「要件」としては，(1)学生の入学要件，(2)養成と評価，(3)教員養成パートナーシップの管理，(4)質的保証といった大きな項目が設けられている。「基準」のうちの「専門職としての価値観と実践」について具体例でもう少し見てみよう。

表 4.1 は，「学校における教員養成(School-centred Initial Teacher Training)」のコースを設置しているロンドン所在の「ワンズワース初等学校コンソーシアム」が作成したメンター(教員養成課程の学生を学校で指導する教師)のためのハンドブックの一部である。

左欄の「職能基準」がプロフェッショナル・スタンダードで，学生に対してどのようなパフォーマンスをどの程度求めるのかが基準ごとに示されている。「とても良い」「良い」「十分である」の３段階評価は養成課程の査察を行う教育水準局(Office for Standards in Education)のグレード１から３の３段階に対応して

2 比較教育的視点からみる教師

表 4.1 イギリス，ワンズワース初等学校コンソーシアムの「新しい職能基準」

1：専門職としての価値観と実践　有資格教師の地位 QTS を授与される者は，下記のすべてを証明してイングランド教職総評議会の専門職規約を理解し堅持しなければならない			
職能基準	「十分である」の学生ができるべきこと	「良い」の学生ができるべきこと	「とても良い」の学生ができるべきこと
1.1 すべての生徒に対して高い期待を持ち，生徒たちの社会的・文化的・言語的・宗教的・民族的背景を尊重し，生徒の到達度を上げることに責任を持つ	高い期待を設定する	生徒の到達度を上げるために積極的に方法を講じる	生徒のこれまでの到達度をよく考え徹底的に分析した上で生徒のやる気を引き出す期待を設定する
1.2 常に生徒に尊敬と配慮を持って接し，生徒の学習者としての発達を気づかう	生徒を尊重する関係づくりを行う	生徒と肯定的に関わる	生徒，教師，他の大人と非常に豊かなパートナーシップをつくる
1.3 生徒から期待されるような積極的な価値観，態度，行動を示し，促進する。			
1.4 親や保護者が生徒の学習に果たす役割，彼らの権利・責任・関心を認識して，細心かつ効果的にコミュニケーションをとる	親・保護者と適切にコミュニケーションをとる	親・保護者を子どもの教育に参加させる	親・保護者と効果的なパートナーシップをつくる
1.5 学校での集団生活に貢献し，そこでの責任を分担することができる	集団生活に普通に貢献	集団生活に明確な個人的貢献をする	学校生活に重要な貢献をする
1.6 サポートスタッフや他の専門職が指導と学習に対してなす貢献を理解する	サポートスタッフや他の専門職が指導と学習に対してなす貢献を理解する	サポートスタッフや他の専門職と効果的に協同する	サポートスタッフや他の専門職とパートナーシップをつくる
1.7 自分の行う指導を評価し，他者の効果的な実践や証拠から学んで，自分の指導を改善できる	自身を評価し，自分の指導の改善のために他者の良い実践を学ぶ	これからの授業計画のために授業を評価する	特に生徒が何を達成したかに焦点づけて授業を省察する
1.8 志気があり，自らの職能的成長に対してより大きな責任を持つ	自分が自分の職能的成長に責任を持つことを認識する	専門的知識を伸ばすために積極的に助言と支援を求める	自らの実践を省察し職能的成長を積極的に追求する
1.9 教師の責任に関する法令枠組みを自覚し順守する	教師の責任に関する法令枠組みを順守する	法令枠組みで定められた教師の役割の実例となる	反省的実践家となることを追求しつつ法令枠組みを尊重する

(以下，略。3.3.14 まで続く)　（翻訳：高野和子）

(出所：高野和子・佐藤千津「イギリス一解題・資料編」教師教育国際比較研究会編『教師の質的向上策に関する資料集(2)外国編』(科学研究費補助金基盤研究Ｂ『教師教育の質的向上策とその評価に関する国際比較研究　研究代表者：吉岡真佐樹，課題番号：16330155』報告書，2006 年) 所収のワンズワース初等学校コンソーシアム『メンターのためのハンドブック』資料 4「新しい職能基準」(p.131)を一部手直し。)

いる。もちろん評価の判断材料となる「証拠」の具体例もあわせて示される。つまり，このような評価のアウトラインに加え，それぞれのサブ・カテゴリーが設けられ，より具体的な達成目標とその判断基準が明確に示されるわけである。もちろん各養成機関によって細部の内容には多少の違いがあるものの，大枠は標準化されている。

2　学校ではぐくまれる教師の専門性

　1944年のマックネア報告書（McNair Report）以後，大学を中心とした地域教員養成機構（Area Training Organisation）の設置にいたるまで，イギリスでは，教師の基礎的資格要件を大学卒業程度に引き上げる方向で教職の質的向上がめざされてきた。大学のより積極的な関与を教員養成の問題を解決する1つの糸口とするものだった。その様相に変化がみられたのは1970年代のことである。ニュー・ライトのイデオローグによる「ブラック・ペーパー」が次々に出され，教師の専門性や専門職性があらためて問われるようになった。それはしだいに養成教育における大学の役割や責任に対する批判となり，学校をベースとした養成教育のあり方が提案されるようになっていった。やがて1990年代に入ると，中等学校教員養成ではその8割を学校で過ごすべきだという提案も出された。結果的には総時間の3分の2にあたる時間数にまで減じられたが，このときに教育実習期間が大幅に延長され，現在，中等教育レベルでは養成教育期間全体の66％程度，初等教育レベルでは50％程度が教育実習にあてられ，教育実習期間の長さはイギリスの教員養成の大きな特色となっている。さらに，前述したような「学校における教員養成」が設置されて注目された。教員養成における大学の役割に関する議論は別にして，養成の場が大学から学校へとシフトしているのが現状である。

　すべてではないにしてもイギリスの学校は養成の場としても機能することが求められており，そのようななかで学校教職員集団構成の「リモデリング（re-modeling）」という課題も出てきている。学力水準向上政策によって多くの教師がなんらかの教科のリーダーとしての役割を担うようになり，教師へのプレ

ッシャーが強くなる一方，ティーチング・アシスタントなどのサポート・スタッフの増員がはかられている。教師に求められるスキルを「細分化」し，教師を支える他のスタッフの「専門性」を高めることで，教師の負担を軽減する方策である。これは 2003 年になされた政府と一部の教員組合の間での合意の結果でもあるが，学校に勤務する職業集団構成はしだいに変わりつつある。さまざまなスタッフを「コーディネート」する能力が教師に求められる傾向にあるのだ。有資格教師は，有資格教師以外を対象とした資質管理策のなかでとらえられることで，より厳しくその専門性が問われる結果となっている。このスキルの「細分化」が教師の専門性においてどのような意味をもちうるのか。その検討のためには動向の推移をしばらく見守る必要がある。しかしながら，仕事を分散することで教育活動の統一性が確保できない状態が生じるとしたら，それは学校の「機能不全」につながるだろうから学校としての「組織力」を以前よりも高める努力が同時に求められるだろう。そこでは教師が何をしなければならないのか，あるいは何をすべきなのかが問われるうえ，教師だからこそできることや，教師にこそ求められることが，専門性の内容としてあらためて確認されなければならない。そのうえで教師を支える他のスタッフとの協働・連携体制を構築していく必要があるだろう。

　以上のようにイギリスでは市場主義時代を経て，教育に対する国家的管理が厳しくなったように見える。しかし，留意したいのは「イギリス」という文脈の固有性である。イギリスの教師の専門性は教師と国家の関係に影響されながら変容してきた。しかし教師に専門的自律性を認めていた長い歴史と伝統に基づく価値観はいまだに息づいており，教師の専門性が脅かされると感じるとそれに異議を唱えて改革の動きを変えようとする教師たちの力も弱くはないようだ[8]。

　プロフェッショナル・スタンダードが設定され，各大学で独自に編成されていた教員養成のカリキュラムに統一性が求められたことは，国家による質的管理政策の一環としてとらえることができる。しかし，その運用の実態，つまり現実を見ると，現象の多面性や解釈の多様性に驚かされることがある。

過去20年ほどの間にイギリスの教員養成は，政策的にはたしかに「多様で自律的なシステムから均質で管理されたそれへ」(9)と変わってきた。しかし，改革の「結果」としてもたらされる「現実」を分析することも重要である。教員養成の実態を見ると「基準（standard）」の設定は必ずしも「標準化（standardization）」さらにいえば「画一化」を意味していない。むしろ「基準」の設定が最低限の「質保証（quality assurance）」（養成機関の自己管理と査察による外部評価というシステムの構築）となり，教職にいたるルートの多様化を促進して，学生の個別のニーズや地域の教職へのニーズに合わせた教員養成の提供を可能にしている側面も見なければならない。この多様化は，一方で養成機関における競争を助長する意味をもち，他方で社会的マイノリティへの配慮，つまり社会的マイノリティが教職に就くことを助け，社会的に不利益を被っている地域にその労働力を教師として還元することや，そういった地域に固有のニーズに対応する養成課程の提供を可能にすること（たとえば学校における教員養成課程の設置）につながり，労働党の地域格差是正政策に連動していた。

時や場所が変われば学校も変わる。同じように教師の専門性や専門職性も変わっていく。そのようにとらえると，教師の「専門性」を定義する試みも必要ではあるが，その時にその場所で教師に求められる「専門性」が何かを常に創造的に考えながら，同時に実践していくことが求められるのではないか(10)。

3　日本の教師の役割と教師像の特徴

専門職としての教師のあるべき姿や地位の確立を具体的に考えようとする際には，その国の教師像を歴史的社会的な文脈においてとらえることが必要である。それぞれの国には歴史的に形成されてきた独特の教師像が存在する。人々は教師に対して実際的なイメージをもっており，また教師自身も教職に対する具体的な自己理解をもっている。このような現実の教師像の存在に基づいて，教職の課題はとらえられなければならない。

それでは日本の教師は，欧米諸国の教師と比較した場合，どのような特徴をもつものとして整理できるのであろうか。

ナンシー・佐藤は，1980年代末に日米の小学校教師の比較研究を行っている[11]。彼女によると，日本の小学校の第一印象は，子どもたちが「騒々しく楽しげで，互いに親密で多様で，それでいて組織的なことであり」「日本のカリキュラムは，特別の行事や儀式や式典，そして特別活動を含み，さまざまな技能を強化する多様な教科を要求している」ということであった。そして日本の教師文化の特徴として，次の4点をあげている。すなわち日本の教師たちは，① 仕事の負担が大きく，極端に多忙である，② 献身的に仕事に取り組み，一人ひとりの子どもたち，とりわけ厄介な生徒に対しても一生懸命に世話をする，③ 相互に依存しあい，集団で仕事を進め，そのために必要な接触や交流を日常的にはかる，④ それぞれに専門的な成長を成し遂げられるように相互に職務分担を配慮している，のである。

　ちなみに彼女によると，アメリカの教師は一般に，授業時間以外の生徒の問題や行動には関与せず，子どもたちの身なり，衛生状態，個人的習慣，社会的関係や道徳に関心を払うことはないのである。

　このような佐藤の指摘は，われわれ日本人にとっても一応納得できるものであろう。日本の教師は，「校則」に象徴されるように，日常的に学校での服装や身なり，立居振舞について指導することが必要であると考えており，体育祭や文化祭，合唱大会，遠足，そして入学式や卒業式などの学校行事を通じて，事細かに生徒指導を行っている。また授業時間の指導のほかに，ほとんどすべての教師がなんらかのかたちでクラブ活動の指導を行っている。とくに中学校や高校では，クラブ活動は生徒にとって学校生活のうえで大きな位置を占めるものとなっているからである。

　また，学年開始早々に多くの小学校・中学校で行われている「家庭訪問」もきわめて日本的な教師の活動の一例としてあげることができよう。近年，「授業時間数確保」のために取りやめた学校もみられるが，依然として多くの学校では4月の後半に全校生徒を対象に，学級担任が生徒の自宅を訪問して保護者との懇談を行っている。さらに生徒が「問題」を起こした際には，教師は保護者を学校に呼び出すほか，直接，自宅を訪れることも多い。

このような日米の教師の仕事ぶりの対比は，日本とドイツを比較した場合にも同様である。筆者自身のドイツでの調査の経験からは，ドイツの教師もその役割はあくまでも「教科指導」にあると強く認識しており，「生徒指導」のために特別に時間を費やすことはない(12)。また生徒の服装や生活態度，倫理観などについて事細かに指導することもない。もちろん家庭訪問という学校行事も存在しない。さらにドイツの学校（ハウプト・シューレ，レアールシューレ，ギムナジウムなど）はこれまでのところ「半日」学校が普通であり，早朝から授業が始まり，午後過ぎには終了する。したがってわが国のような放課後のクラブ活動は存在しない。（スポーツ活動は，地域の青少年スポーツクラブなどで行われる。）

以上のように，日本の教師は，狭義の教科指導以外に，文字通り学校生活の全般にわたって，児童生徒一人ひとりの人格的成長をめざして「指導」を行っているのである。これこそがわが国の学校と教師の歴史的伝統であり，教師文化であるということができる。

4 職務の「無境界性」「無限定性」
──日本の学校教師がかかえる特有の問題

1 教職の「無限定性」「無境界性」

日本の教師は，このような教師文化のもとで「献身的」に教育実践を積み重ねてきた。しかし今日の複雑な教育状況のなかで，これらの広範な職務領域と役割期待は，多くの教師にとって職務の「無境界性」あるいは「無限定性」の問題として感じられるものとなっている。すなわち日本の教師の職域はきわめて広範であり，しかもどの課題もどこまでやっても「ここで完成・終了」といった明確な境界は存在しない。その意味で，無境界的で無限定的なのである。

もとより教師の中心的職務は教科指導にあり，そこでは学校ごと学年ごとに教育内容と到達目標が決められている。たとえば○○ができるようになる，○○が理解できる，○○を使って表現することができる，などである。あるいは学年，学期および一日一日のサイクルは定まっており，定められた時間数の授業や学校行事をすませればとりあえず責任を果たしたことになる。こう考えれ

ば，他の職業に比べて教師の職務と生活はきわめて平穏で安定しているように見える。しかし実際には，とてもそのようなものではない。

先に見たように，日本の学校は，学校にいる時間すべてが指導の対象である。登校指導に始まって，制服，頭髪などの身だしなみの指導，「やんちゃな」生徒への対処，生徒同士の人間関係の指導，クラスづくりの課題，給食指導，朝練習から土日の対外試合まで続く部活の指導，問題行動を起こす生徒の保護者との懇談，などなどである。また教科指導においても，一般的平均的な到達目標を想定することはできても，さまざまな学力と個性をもった生徒一人ひとりに対して細やかな指導を実現することはきわめて難しい。

要するに，日本の教師文化のなかで，誠実に理想を追えば，教師の仕事には限りがなくなる。仕事の完了は自覚されにくく，その結果いつまでも限りなく課題が続くように感じられる。しかも教師の活動は，常に複合的なものである。これらのさまざまな課題が並行して登場する。またその成果は，すぐには現れないものが大半である。重要な課題ほど，その成果は長いスパンをもって評価されなければならないのである。

もちろん実際には学期や年度の終わりが仕事の区切りであり，成績をつけるととりあえずの終了である。生徒たちが大きな「問題」を起こさず，また文化祭，体育祭や合唱大会などの行事が成功裏に終わると，教師はそれなりの達成感を得ることができる。しかし生徒一人ひとりの成長発達に心を砕き，学習の状況を具体的に点検していく日々の職務を誠実に遂行しようとすればするほど，課題が無限に継続する感覚がともなうことになる。

2　無境界性・無限定性のもつ問題点

それでは，このような職務の無境界性・無限定性は，どのような問題点をもたらすのであろうか[13]。

まず第1に，それは教師を日常的な多忙化のなかに埋没させ，教師の職務の本質的部分を欠落させて，教師の本来的課題や教師の専門性を見失わせることになる。つまり「校則」を厳密に守らせることにひたすら集中する教師，スポ

ーツクラブ活動の成績を追求するあまりまともに授業を行わない教師などは，職務の中心であるべき創造的な授業実践と生徒の学力形成の課題をあいまいにしてしまうとともに，一人ひとりの生徒と豊かにふれあう機会を閉ざしてしまうおそれがある。

また第2に，深刻な多忙状況のもとで，多くの教師は学校運営や教育実践に対する新鮮な意気込みや感動を失い，学校運営・教育実践のマニュアル主義，慣例主義に陥る。日常生活においてもわれわれは極度の多忙状況が継続すると，判断力の欠如がおき，物事の重要性の序列を見失ったり，どちらでもよいことに対して判断ができなくなる状態になる。呆然とするうちにただ時間だけが過ぎるような状況となり，その反動として「思考停止」状況のままマニュアルに頼ってその場をやり過ごそうとするのである。

そして多忙化がさらに進行すると，病的状況すなわち「バーンアウト状況」に陥ってしまうおそれがある。そもそも教師の多忙化問題は，1960年代末から教育関係者のなかでは深刻な問題として議論されてきた。それが70年代を経て，80年代にいっそう深刻化し，90年代には教師の労働時間を減らすために導入された学校週五日制が，皮肉にも学校での教師の多忙化をさらに進行させる結果となっている。教師の仕事は，一方では常に一人ひとりの生徒の立場にたち，いっしょに悩みいっしょに感動しながらものごとを見つめるとともに，同時に他方では，常に生徒の成長・発達を長期的な見通しのもとに冷静に見つめる視点をもつ必要がある。このような心の状況を続けることは，そもそもきわめて難しい課題である。日本の教師は，この課題を，職務の多忙化のなかで，職務の無境界性の感覚と格闘しながら実現することが求められているのである。

3 無境界性・無限定性からの脱却をめぐって

このような無境界性から脱却する道筋は，どう考えられるのであろうか。

まずそれにかかわって，またバーンアウトの問題と密接に連関して，教師の教育実践の特徴についての前提を指摘しておきたい。それはそもそも教師の活動は，本質的に「不確実性」をもつものであるということである。ある時点あ

る場所できわめて効果的であった教育実践でも，常に成功するとはかぎらない。教科指導では，生徒の理解を容易にするための手法やコツはさまざまに経験的に定式化されている。しかしそれも，絶対的なものではありえない。さらに学級運営や生徒指導に関しては，教育実践は常にきわめて複合的なものであり，「一回的」なものとしての性格を内在させている。八木英二は，このことにかかわって次のように述べている。「不確実性＝不可知論に陥りがちになる論及の難しさを克服し，科学的にどう成功率を高めていくかが教育実践論のひとつの課題である。」ただし「たとえにすぎないが，対人間のヒューマンサービス実践では『野球の打率』程度の低さでしかありえないと形容してもよいかもしれない。四割打者なら天才といわれる野球の打率のように，成功率を高め，不可知論を避けるために試行錯誤をくりかえしながら，実践の誤りをよき誤り（あるいは積極的な誤り）にしていく」[14]ことが大切である。

　すなわちここで述べられているのは，野球選手のイチローをもってしても打率4割は至難の技であるように，いかに優れた実践でも，人が人に行う教育の結果にはそもそも限界があるということである。教師の最大限の努力とは別に，教育実践はきわめて複合的なものであり，その結果は，不確実なものであることを免れない。このことを教師は忘れてはならないのである。

　このような前提のうえに，無境界性からの脱却のための道筋はどのように考えられるのであろうか。佐藤学は対照的な2つの方途について言及している[15]。すなわちひとつは，教師の職域を機能的に専門化させ，学校を細分化した校務分掌の集合体として構成しようとする発想である。そしてもうひとつは，教師の自律性と専門性を尊重して，一人ひとりの教師の実践的領域に総合性と統合性を保証しようとするものである。

　前者は，事実として現在多くの学校において採られている発想である。しかし佐藤は，「この対策は規則主義と慣例主義に拍車をかけ，専門性から遠い領域の会議を増加させるだけ」であり，問題の本質的解決にはつながらないと主張する。そしてあるべき姿は後者の道筋であり，いわば大学や総合病院にみられるような専門家共同体としての組織運営が求められているのである，とする。

そして「教職の『無境界性』という特徴は，積極的にいえば，学校を専門家の共同体へ移行させる必要を提起している」と結論づけるのである。

この提起を実現していくことは，日本における専門職としての教師像を確立していくことと同義である。そしてそれは，とりわけ学校の組織運営の新たな形を模索していくことになる。しかしこのことについても，日本の教師と学校は欧米諸国と比較して明確な特徴をもっている。次節ではこの問題について，考えてみよう。

5 学校組織・運営の日本的特徴と教師

日本の学校の組織・運営体制を欧米諸国のそれと比較すると，大きく2つのことに気づかされる。その第一は，わが国では学校運営に生徒，父母あるいは地域住民が正式に参加する仕組みが整っていないことであり，第二には学校運営が教育委員会の指揮・監督のもとに，校長をトップとしてきわめて官僚的分業的に組織される傾向が強いことである。以下，これらについて教師の位置づけと果たすべき役割にかかわって問題点を整理してみよう。

1 生徒・父母・地域住民の学校参加と教師

欧米諸国の場合，具体的な形態は多様であるものの，一般に学校理事会（イギリス），学校協議会（アメリカ）などと称される，父母・教職員・校長などからなる，学校運営に関する合議制の決議機関が存在する。ドイツであればそれは「学校会議」と呼ばれ，校長・教師・生徒・父母それぞれの代表から構成される学校の最高意思決定機関として機能している。そこでは教育内容も含めて学校運営の全般にわたって討議がなされ，決定が行われる。さらにドイツの場合は，このような父母・生徒の学校参加は，各学校のレベルのみならず，地域および州レベルでも制度化されている[16]。

これに対してわが国の場合には，このような仕組みはいまだ公的にはつくられていない。もちろん各学校には生徒会が存在し，日常的な学校運営や学校行事，生徒規則などについて議論がなされている。しかしその議論の結果が，実

際の学校運営にどのように反映されているかは定かでない。また父母の組織として PTA が存在するが，それが学校運営に対してどのような権限をもつかはあいまいである。子どもの権利条約第12条にあるように，子どもの「意見表明権」は尊重され制度的に保障されなければならないし，父母もなんらかの方法でその教育要求を学校運営に直接反映する権利をもつべきである。しかし日本の学校では，このような公的な仕組みの整備がきわめて遅れているといわざるをえない。

　もっともこの間，わが国でも「学校評議員」制度（学校教育法施行規則第49条ほか）が創設され，多くの学校でその活動が始まっている。しかしこの学校評議員は，校長の推薦により教育委員会によって委嘱されるものであり，しかも「校長の求めに応じて」学校運営に関して意見を述べるものである。したがって上記の学校理事会や学校会議とは基本的に性格が異なるのである。

　さらに2005（平成17）年度からは，「学校運営協議会」制度（地方教育行政の組織及び運営に関する法律第47条の5）がつくられ，この協議会をおく学校をコミュニティ・スクールと呼ぶとされている。この協議会は，教育委員会が保護者および地域住民などから任命した委員によって構成され，校長の作成する学校運営の基本方針を審議・承認すること，および当該学校の教職員の任用に関して任命権者に意見を述べること，という2つの権限を与えられている。この協議会が今後どのように発展していくかはまだ未知数であるが，少なくとも生徒および父母自身が代表を決めるという欧米の制度と比較して，その性格の違いは明白である。

　このようにわが国において，生徒，父母，地域住民，教職員などが一堂に会して，学校運営に関して議論する場を実現するにはまだまだ多くの課題がある。そこには具体的な制度構想の難しさに加えて，会議を運営し，それぞれの立場からの意見や要求をまとめていく作業それ自体に，相当の習熟と訓練が必要であると予想される。教師の立場や専門職としての見解と，生徒，父母，地域住民の主張や意見は必ずしも一致しない。むしろそれぞれに対立する場合の方が常態であるかもしれない。しかし議論の対立があるのは，民主主義的な社会に

とってはむしろ健全なことである。重要なことは、教師自身がこれらの議論の場を積極的に準備する役割を担う必要があるということである。今日求められている教師の専門性のなかには、生徒や父母の教育要求を正確に聞き取り理解・共感できる力量、それらを組織していく力量、あるいは「開かれた学校」を実現し、公的な参加の仕組みを創造し運用していく力量も含まれなければならない。この意味で、日本の教師はこのような議論と決定の場をつくるためにさらに努力する必要があろう。

2 学校の組織・運営と教師の位置づけ

日本の学校組織・運営のもうひとつの特徴は、学校組織のなかの教師の位置づけにかかわるものである。

まず前提として、各学校の運営に対して、教育委員会が「包括的支配権」とも称すべき強い権限をもっていることを確認しておかなければならない。教職員の任用はもちろんのこと、先に述べた学校評議員あるいは学校運営協議会の委員を委嘱・任命するのも教育委員会である。現状において、学校の自治・自律は教育委員会との関係ではきわめて脆弱であるといわざるをえない。

次に学校内部の運営機構、とくに校長の権限あるいはリーダーシップと教職員の関係についてである。

学校運営における校長と教員の関係をめぐっては、大別して2つの発想法がある。ひとつは、専門職集団としての教師集団の自治・自律に依拠し、教師相互の民主主義的な、あるいは同僚的な関係を基礎に学校運営を行おうとするものである。そこでは教師の職階の分化は必要最低限にとどめられ、専門職同士の合議・協力に基づいて学校教育の向上がはかられる。この発想法によれば、校長は同僚のなかからもっとも優れたものが、すなわち「教師のなかの教師」が選ばれることになる。

もうひとつは、学校といえどもひとつの組織体であり、合理的で効率的な運営をはかるためには、職階の明確化と厳密な意思決定・伝達ルートが不可欠であるとする。校長など管理職の意思決定のもとに、一般教員が迅速・確実にそ

れを実践するところに優れた学校運営が実現するというわけである。この場合，校長を中心とする管理職には，教育実践以外の能力，すなわち経営能力がまず第一に求められることとなり，教育実践の能力は直接には問われないことになる。

3　学校組織・運営の分業化の進展

　このような2つの発想法を背景に，学校組織・運営のあり方をめぐる論争が展開されることとなる。これはわが国に限ったことではなく，欧米諸国の場合にも一般にみられる現象である。

　戦後のわが国で，この論争が最初に闘わされたのは1960年代のことである。それは伊藤和衛らの主張する「学校重層構造論」と宗像誠也らの「学校単層構造論」との論争というかたちで整理されている[17]。伊藤は，学校経営の近代化のためには合理化が必要であり，合理化とは能率化・効率化・技術化であるとした。そしてこの観点から，学校経営は「経営層」(校長・教頭)，「管理層」(各部長・主任)，「作業層」(一般の教職員)という3階層をもつ重層構造をとって行われるべきであると主張した。

　これに対して宗像は，学校運営は企業経営と異なり，校長を除きすべての教員が共同して教育に携わるということから，学校は本質的に単層構造であると反論した。そして校長は教員に指揮命令を行うのではなく志気を高め励ますことこそが肝要であり，職員会議を重視すること，主任などの役職は任期をつけて教員同士の互選とすることなどを主張した。

　この論争の後，結果として1975(昭和50)年には「主任制」の制度が導入された。すなわち学校内で教諭をもってあてる職として，それ以前から保健主事，生徒指導主事，進路指導主事などの職階が存在したが，それに加えて教務主任，学年主任，寮務主任が新設され，これらの主任等には特別手当が支給されることとなったのである。それらの職務はそれぞれ，校長の監督を受け，関係事項の「連絡調整及び指導・助言」にあたることである。このような主任制導入については，教職員組合をはじめとして全国的に強い反対運動が起こった。教員

の身分に格差を設け，教職員の団結あるいは同僚性の発展を困難にするというのがその最大の理由であった。

　今日，このような分業化の傾向はさらに強まっており，とくに学校運営における校長の「指導性」をいっそう強化する方向で改革が進められている。具体的には，①職員会議の位置づけの明確化，②校長・教頭の資格要件の緩和と民間人校長の登用，などである。

　①は，従来，法律上の明文規定がなかった職員会議を，学校教育法施行規則改正（2000年）により次のように定義したことである。すなわち職員会議は，「設置者の定めるところにより，校長の職務の円滑な執行に資するため」に設置され「校長が主宰する」（学校教育法施行規則第48条ほか）ものとされたのである。これまで職員会議を校長の諮問機関ないし補助機関と位置づける文部科学省に対して，現実の学校運営においては多くの教師は，それを学校の最高議決機関であると理解し運用してきた。しかしこの改正によって，文部科学省は校長の責任を明確にするかたちでこの論争に決着をつけたとしている。そして今日，たとえば東京都教育委員会では，職員会議において多数決を行うこと自体を「禁止」する旨の指導が行われている。

　また②は，それを校長について整理すると次のようになる。すなわち従来，校長となるためには「教員免許を有し5年以上教育に関する職に就いていること」が必要であったが，それが免許を有さなくとも10年以上教育に関する職に就いた者や，さらには免許を有さず，教育関係の職の経験がなくとも，任命権者が必要と認めるならば登用できることとなったのである（学校教育法施行規則第20，21，22条）。これにより，いまではほとんどの都道府県市でいわゆる「民間人校長」が採用され，「企業経営的感覚」で学校運営が行われている。

　このような，学校責任者としての校長の地位の強化は，各学校の特徴を明確にして相互に競争するという新自由主義的な教育政策の一環として位置づけられるものであり，たしかに一面では教育委員会に対する学校の自主性・自立性を強調することとなっている。しかし学校内での運営形態は，校長の権限の一方的な強化となっていることは明確である。さらに2007（平成19）年の学校教

育法改正では，学校における組織運営体制の確立をはかるためとして，新たに「副校長」「主幹教諭」「指導教諭」という職を置くことができることとなった（学校教育法第37条）。これによって校長中心の運営体制がさらに強固なものとされるとともに，学校組織全体はよりハイアラーキカル（階層的）でビューロクラテック（官僚的）なものとなる傾向を強めている。

4　専門職としての教師と学校組織・運営

　以上見てきたように，日本の学校組織・運営体制は欧米諸国と比べて，生徒・父母・住民の学校運営への参加，および専門職としての教師にふさわしい組織体制の確立という2つの点で大きく遅れているといわざるをえない。

　生徒・父母・住民の学校運営への参加が進まないことの理由には，さまざまな要因が考えられる。明治期以来の，日本の学校が地域のなかで実際に果たしてきた役割や現実的な性格の問題，地域住民の学校に対するイメージ，文部科学省の政策と教育委員会の基本的態度，あるいはそもそも日本社会における参加民主主義の実現の課題，などなどである。しかし他方で，実際の学校では，保護者会，PTAあるいは教育懇談会などのさまざまな形で地域と学校の教育課題が具体的に議論されているのであり，このような機会を実り豊かなものとし，制度的な仕組みをともなったものへと発展させる努力が求められている。一方的で形式的な「学校評価」を父母に強制するよりも，より実質的で率直な対話と議論こそが求められているのである。これらをねばり強く実現していくうえで，教師のイニシアチブを欠くことはできない。

　また学校運営における教師の地位の向上・確立という点では，教員団体の存在と活動が決定的に重要である。欧米諸国，とりわけドイツでは，教師の地位は経済的側面にとどまらず職務上も教員団体によって守られている。1966年のILO（国際労働機関）・ユネスコ「教員の地位に関する勧告」に述べられている専門職としての教員の地位の確認と発展は，教員団体の存在と運動なしには想定できない。学校組織の官僚化と分業化が進められるとともに，権力的で非合理な「教員評価」が導入されつつある現在，このことの意味を繰り返し確認

することが大切であろう。　　　　　【1　2 佐藤　千津／3～5 吉岡　真佐樹】

注
（1）　ジェフ・ウィッティー（堀尾輝久・久冨善之訳）『教育改革の社会学——市場，公教育，シティズンシップ』東京大学出版会，2004年，96頁。
（2）　Freidson, E., *Professionalism Reborn－Theory, Prophecy and Policy*, Cambridge: Polity Press, 1994, pp.16-17.
（3）　Ibid., p.16.
（4）　Ibid., pp.17-18.
（5）　ウィッティー，前掲書，93頁。
（6）　岩田康之「『東アジア型』教師像と教育改革」東京学芸大学教員養成カリキュラム開発センター編『東アジアの教師はどう育つか』東京学芸大学出版会，2008年，189-194頁。
（7）　佐藤学「教師教育の危機と改革の原理的検討——グランド・デザインの前提」『日本教師教育学会年報』第15号，2006年，8-17頁。
（8）　McCulloch, G., "The reinvention of teacher professionalism" in Phillips, R. & Furlong, J., Education, *Reform and the State－Twenty-five years of politics, policy and practice*, London: RoutledgeFalmer, 2001, pp.103-117.
（9）　Furlong, J. et al., *Teacher Education in Transition－re-forming professionalism?*, Buckingham: Open University Press, 2000, p.149.
（10）　イギリスの教師の専門性基準は，2007年に『有資格教師の地位のための専門性基準と教員養成の要件(Professional Standards for Qualified Teacher Status and Requirements for Initial Teacher Training)』として改訂されている。また2010年からは保守・自民両党の連立政権によって教師教育制度改革が進められており，専門性基準についても新たに『教師の基準（Teachers' Standards）』が策定されたところである。
（11）　ナンシー・佐藤「日本の教師のエスノグラフィー」稲垣忠彦・久冨善之編『日本の教師文化』東京大学出版会，1994年。
（12）　なお欧米諸国の場合，問題をかかえた児童生徒に対する配慮・対策は，一般に学校カウンセラーに加えて，スクールソーシャルワーカー（米，英など）や「社会的教育者」（Sozialpädagoge：独）などと呼ばれる別の職種の仕事と考えられている。詳しくは，生田周二・大串隆吉・吉岡真佐樹『青少年育成・援助と教育ードイツ社会教育の歴史，活動，専門性に学ぶ』有信堂高文社，2011年，参照。
（13）　佐藤学「教師文化の構造－教育実践研究の立場から－」稲垣忠彦・久冨善之編，前掲書，35頁参照。
（14）　八木英二『ヒューマンサービスの教育－学校教師のジョブデザイン－』三学出版，

2000年，25頁。
(15) 佐藤学，前掲書，36頁。
(16) たとえば，「学校法（ドイツ／ノルトライン・ヴェストファーレン州）〔抄〕」解説教育六法編修委員会『解説教育六法　2011（平成23）年度版』三省堂，1180-1182頁参照。
(17) 青木一他編『現代教育学事典』労働旬報社，1988年，108-109頁。

考えてみよう

1．自らの体験を振り返り，胸にこたえた教師の発言や指導，反発を感じたり，納得がいなかった教師の発言や指導について事例をあげ，その原因について考えてみよう。
2．「開かれた学校・学級」を実現するためには，どのような制度や取り組みが求められているのか。そのなかで，教師はどのような役割を果たすべきであろうか。
3．校長に求められる資質や能力とは何か。その役割とあわせて考えてみよう。

参考文献

久冨善之編『教師の専門性とアイデンティティ』勁草書房，2008年
久冨善之編『日本の教員文化：その社会的特徴』多賀出版，1994年
佐藤学『教師というアポリア：反省的実践へ』世織書房，1997年
陣内靖彦『日本の教員社会－歴史社会学の視野』東洋館出版社，1988年

第5章　労働力市場のなかの教職

1　教職につくルート

1　免許状主義

「先生」になるためには，どのようなルートがあるのだろうか？

教育職員免許法（以下，教免法）では「教育職員は，この法律により授与する各相当の免許状を有するものでなければならない」（第3条1項）とされている。わが国では，公教育の学校で教員として勤務する者は，勤務する学校種（小学校・中学校・高等学校など），中学校・高等学校では教える教科の教員免許状をもっていることが原則である。これを免許状主義という。免許状を取得して「先生」になるには，以下の2〜4で述べるルートがある。いずれの場合も，教員免許状は都道府県教育委員会から授与される（教免法第5条6項）。

2　普通免許状を取得する

「普通免許状」は，基礎資格となる学歴によって種別化されている。

①　修士の学位をもつことを基礎資格とする「専修」免許状

②　学士の学位をもつことを基礎資格とする「1種」免許状

③　短期大学士の学位をもつことを基礎資格とする「2種」免許状

の3種類である。教員として勤務するうえで，免許の区分による職務上の差異はない。普通免許状はどこで取得しても全国すべての都道府県で有効である。従来，普通免許状には期限がなく終身有効であったが，2007（平成19）年の教免法改正で教員免許更新制が導入された結果，2009（平成21）年4月1日以降に授与される免許状は10年間の有効期間つきとなり，更新のためには大学な

どが開設する免許状更新講習の受講・修了が必要となった。

　前記①〜③のうち，大学卒業程度にあたる「1種」免許状が教員としての資質能力の標準的な水準を示すものとされてきた。しかし，教員養成課程の「6年制（修士）」化をマニフェストに掲げた民主党が2009年に政権につき，以後の改革論議では「修士レベル化」が重要な焦点となっている[1]。

(1) 大学で教員養成を受ける

　もっとも一般的な普通免許状の取得方法は，大学等で，上述の基礎資格を得ることとあわせ，教免法の定めに従って，「教職に関する科目」「教科に関する科目」「教科又は教職に関する科目」について必要単位を修得することである。また，小学校・中学校教諭普通免許状取得のためには，特別支援学校で最低2日，社会福祉施設等（老人ホームや児童館）で最低5日，合計7日を下らない範囲の介護等の体験が必要である[2]。

(2) 資格認定試験を受験する

　大学での教員養成を経ないで，普通免許状を取得することもできる。資格認定試験というこのルートは，1964（昭和39）年，73（昭和48）年の教免法改正によって導入された。認定試験は毎年，文部科学大臣または大臣が委嘱する大学によって行われる。2011（平成23）年度は，小学校教諭2種免許状，特別支援学校自立活動教諭1種免許状，幼稚園教諭2種免許状の取得が可能であった。

　資格認定試験は，社会人から学校教育へ人材を得ることを目的としてつくられたルートであるが，実際には，大学で教員養成を受けなかった社会人だけではなく，「入学した大学では中学・高等学校教諭の免許状しか取れないが，どうしても小学校教員になりたい」という人々（この場合は大学での養成を受けている）が，小学校教諭免許を取得する手段としても機能している。

3　臨時免許状を授与される

　「臨時免許状」は，普通免許状を有する者を採用することができない場合に限り，教育職員検定に合格した者に与えられる免許状である。2の普通免許状のように，それをめざして取得するものではない。授与された都道府県内に限

表 5.1 特別免許状の授与件数の推移

年度	授与件数 合計	公立	私立	授与された人の主な職歴又は教科等別件数
1989	14	3	11	工学設計技術者，接客，会計処理業務，医師，住職，書道家，英会話講師，品質管理　等
1990	2	1	1	電力会社勤務，研究員技術者
1991	2	0	2	野球部監督，大学講師
1992	3	1	2	航海士，牧師，新聞記者
1993	2	2	0	調理師専門学校教員，金融関係
1994	12	3	9	生産管理業務，造園技師，情報処理技術者，農学博士・研究者，住職，品質管理　等
1995	0	0	0	
1996	1	1	0	専門学校講師（土木施工）
1997	5	5	0	訴訟法務担当，銀行員，不動産会社員，百貨店店員，看護師，建築技術専門学校助手
1998	1	1	0	織物会社社員
1999	0	0	0	
2000	1	0	1	研究員技術者
2001	4	2	2	建築会社技術者，設計・施工業務，銀行業務，柔道講師　等
2002	6	4	2	薬剤師，訴訟法務担当，福祉専門学校，土木技術者，牧師，柔道講師　等
2003	47	37	10	新薬研究開発会社勤務，家電・業務用電気製品会社勤務，看護師，調理師専門学校教員，病棟等看護教務，同時通訳，英会話講師，東洋史関係研究所勤務，通信教育関係出版社勤務，中国語文法・入門書執筆
2004	49	23	26	英会話講師，外国人主任指導員，病棟等看護教務，看護師，看護学校教員，病院
2005	35	15	20	
2006	37	24	13	看護（17 件），自立活動（9），英語（6），数学・保健体育（各2），理科（1）
2007	69	48	21	看護（35 件），理科（7），英語（6），数学・商業・工業（各2），国語・宗教・インテリア・デザイン・建築・水産・情報（各1）
2008	56	40	16	看護（20 件），英語（4），宗教・音楽（各2），社会・保健体育・工業・福祉・家庭・公民・情報・理科（各1）
2009	67	48	19	看護（20 件），英語（16），保健体育・家庭（各3），宗教・工業（各1），数学・理科・水産・福祉（各1）
累計	413	258	155	

（出所：文部科学省初等中等教育局教職員課調べ）

り3年の効力をもつ。

4　特別免許状を授与される

「特別免許状」は，優れた知識・技術をもつ社会人を学校教育に迎え入れて学校教育の多様化に対応し活性化するというねらいで，1988（昭和63）年の教免法改正で創設されたルートである。担当する教科の専門的な知識経験又は技能をもち，社会的信望があって教員の職務を行うのに必要な熱意と識見を持つ者を，任命・雇用権者が推薦し，都道府県教育委員会が教育職員検定を行って免許を授与する。

2000年法改正により，3年以上の在職と所定の単位（中・高の専修免許状の場合25単位）の修得により，普通免許状へと上進することが可能となっている。また，学士の学位をもつという要件が，2002（平成14）年法改正によって撤廃されたため，現在では，教員養成を受けないだけではなく，大学を卒業することなく，教員免許状の取得が可能なルートとなっている。授与された都道府県内でのみ有効であるが，有効期限は普通免許状と同じく10年である。

このように，教員養成を受けていない社会人をより多く学校教育へ招じ入れるという方向で改正が重ねられている。現在までの授与の状況は表5.1のようになっている。

5　特別非常勤講師——免許状主義の例外

免許状をもたずに「先生」として教壇に立つルートもある。任用・雇用権者が都道府県教育委員会にあらかじめ届け出ることで，免許状をもたない人でも非常勤講師になれる，「特別非常勤講師」制度である。特別非常勤講師は教科の領域の一部やクラブ活動等を担当する。たとえば，日本舞踊家が小学校の体育で，貿易コンサルタント会社社員が高等学校の商業で教えるといった事例である。これは，4の特別免許状と同じく社会人活用を目的として1988（昭和63）年の教免法改正で導入された。当初は教育委員会による許可制であったが，1998年法改正で届出制となり，同時に担任できる教科等が小・中・高・特別

支援学校の全教科に拡大された。以後，急増し，2009年度には国公私立学校で合計2万298件の届け出があった。

6 参入規制論——免許制度そのものへの批判

前項まで，現行の教員免許制度に即して教職への入職ルートを説明してきた。社会人から多様な教員を確保するという目的を掲げて，大学で教員養成を受けることを免許状授与の前提からはずしたルート（2(2)，4），免許状自体を不要とするルート（5）を拡大していこうとする方向で教免法が改正されてきたことは明らかである。

一方，近年では，免許制度そのものが悪しき参入規制にあたるという論調が強まっている。「常勤教員採用に当たって教員免許を要求すること自体，免許はなくても優れた教育的資質を持つ者が教壇に立つことを阻んでおり，教員の資質向上や教員任用の公平性を損なっている」という議論である[3]。

2000年以降，教員免許状をもたず，「教育に関する職」に就いた経験がない人を「民間人校長」として任用することも進んでいる（2011年度の公立学校での任用数は125名）。免許状が公証する教職の専門性の内実とは何かが問われている。また，大学で養成を受けて免許を取得する（2(1)）ことで，養成を受けていない場合に比していかなる力量をつけているのか，教職課程の履修生にも大学教育の側にも厳しい点検が迫られている。

2 データで読む日本の教職

1 教員構成

2010年度，日本の初等・中等教育では112万人の教員が勤務していた（表5.2参照）。この約60年間の教員数の推移をみると，小学校1982年，中学校1987年，高等学校1991年がピークであり，以後，中・高では教員数が減少し続け，小学校ではいったん減少の後2001年から増加に転じている。特別支援学校（2007年3月までは盲・聾・養護学校）は一貫して増加してきている。

教職は，早くから女性に開かれてきた職業と社会的にはみなされている。本

表 5.2 学校種別の教員構成（2010 年 5 月 1 日現在）

	教員数					兼務者	本務者中の女性の割合%
	合計	本務者					
		計	国立	公立（本務者計に占める割合）	私立	（教員数合計に占める割合%）	
小学校	446,699	419,776	1,858	413,473 (98.4%)	4,445	26,923 (6.0%)	62.8%
中学校	286,408	250,899	1,658	234,471 (93.4%)	14,770	35,509 (12.4%)	41.9
高等学校	307,812	238,929	577	179,433 (75.1%)	58,919	68,883 (22.4%)	29.4
中等教育学校	2,717	1,893	185	1,099 (58.1%)	609	824 (30.3%)	31.3
特別支援学校	76,680	72,803	1,486	71,027 (97.6%)	290	3,877 (5.1%)	59.6
計	1,120,316	984,300	5,764	899,503 (91.4%)	79,033	136,016 (12.1%)	

（出所：文部科学省『学校基本調査報告書』より作成）

務教員中の女性の割合は，小学校ではすでに 1969 年に 50％を超え，今日では 62.8％になっている。中学校では 1976 年に 30％，97 年に 40％を超え，2010 年は 41.9％と増加してきた。しかし，OECD（経済協力開発機構）の 2004 年のデータによれば，いずれの校種においても調査国中でもっとも低い女性教員比率である[4]。また，高等学校ではようやく 1989 年に 20％に達し，現在 3 割に近づいている。

教員の平均年齢は，2007 年段階で小学校 44.4 歳（2004 年は 44.1 歳），中学校 43.8 歳（同 42.9 歳），高校 45.1 歳（同 44.3 歳）であり，それぞれ 3 年前の調査時より上昇している[5]。このような教員年齢の上昇は先進諸国にほぼ共通の現象となっている[6]。

2 就業者全体のなかで

教員を,日本全体の働く人々のなかでみるとどうなるだろうか。

2000年度の国勢調査結果によると,幼稚園から大学まで,学校で働く教員・職員（「学校教育（専修学校,各種学校を除く）」）は170万6955人。これは,15歳以上の就業者総数6303万2271人の2.7％にあたり,就業者の多い産業小分類の上位第5位となっている（1995年度の国勢調査は同2.7％,上位第4位）。国公私立をあわせた学校教育がもつ規模の大きさがわかる。

この「学校教育（専修学校,各種学校を除く）」の就業者170万6955人のうち,教員は129万5988人,うち一般的に「学校の先生」としてイメージされる小・中・高・盲聾養護学校（当時）の教員は103万1551人である。

資格が必要な他の専門職集団と教職の規模を比べてみよう（以下,表5.3を参照）。就業している人の数が10万人未満の職業として弁理士・司法書士2万237人,裁判官・検察官・弁護士2万536人,臨床・衛生検査技師5万9734人,公認会計士・税理士6万6139人,栄養士8万5265人,歯科医師8万5915人等がある。10万人を超える職業は薬剤師15万104人,医師23万8142人,保育士36万1488人,看護師97万6214人である。これらと比すれば,103万人余という教職の規模が,いかに大きく,よくも悪くも社会的な存在感をもつものであるかということが理解できるだろう。

小・中・高・盲聾養護学校（当時）の教員は,[1]で述べたようなルートで教職に就くが,小学校教員の83.0％,中学校教員89.7％,高等学校教員92.9％,盲聾養護学校教員の86.8％が大学・大学院の最終学歴をもっている[7]。15歳以上の就業者全体では大学・大学院を最終学歴とする者が19.3％であるから,教職は社会的にはきわめて高学歴な職業集団である。

ところで,職業としての教職の特徴は,従業上の地位が「雇用者（会社・団体・個人や官公庁に雇用されている人で,役員ではない人）」である比率がきわめて高いことにある。小・中・高・盲・聾・養護学校（当時）いずれの場合も,雇用者率は99.9％を超えている。つまり,ごく少数の私立学校役員などを除けば,教職は,自営という形態が成立しえず,誰かに雇用されることによって生業と

表 5.3　職業別就業者数とその学歴・雇用者比率

職　業	就業者総数 (人)	大学・大学院を最終学歴とする者の比率 (%)	雇用者比率 (%)
小学校教員	404,463	83.0	99.9
中学校教員	257,620	89.7	99.9
高等学校教員	311,697	92.9	99.8
盲聾養護学校教員	57,771	86.8	99.8
(上記の)学校教員計	1,031,551		
医師	238,142	94.8	64.5
歯科医師	85,915	95.3	24.8
薬剤師	150,104	95.5	79.2
看護師	976,214	2.5	99.7
臨床・衛生検査技師	59,734	19.2	99.3
栄養士	85,265	19.0	99.0
保育士	361,488	5.1	99.0
裁判官・検察官・弁護士	20,536	92.8	30.3
弁理士・司法書士	20,237	63.7	—
公認会計士・税理士	66,139	57.0	11.6

(出所：2000年度国勢調査結果より算出。学歴については現在在学中の者を除く)

なりうる職業ということである。教員は学歴的には医師・歯科医師・薬剤師・裁判官・検察官・弁護士等に近いが，雇用者比率では看護師や保育士のグループになる。

　国勢調査データで職業構造を分析した人口研究のなかで，「教員」が各都道府県の就業者中に占める比率が過疎県で高くなる傾向があること，それは，専門的・技術的職業のなかでは公認会計士・税理士や科学研究者とは異なる分布傾向であり，保健医療従事者や社会福祉専門職業従事者といった福祉系職業と同様であることが指摘されている(8)。教員の担う教育という仕事が，医療や福祉とともに，人々の生活を一定水準以上に維持するために削ることができないものとして，津々浦々まで行きわたってきたこと，そのことともかかわって，本務教員中に公立学校教員が占める割合(表5.2)にあらわれるように，教員は圧倒的に公的部門の雇用者として存在してきたことに留意してほしい。

3 雇用者としての日本の公立学校教員

日本の教員の圧倒的多数を占める公立学校教員について，任命権者は都道府県教育委員会（地方教育行政の組織及び運営に関する法律第34条，第37条1項）および指定都市教育委員会（第58条1項）である。都道府県・指定都市教育委員会は，教員の任用・免職・休職・復職・懲戒・給与の決定その他身分取扱い上のすべての事項に関する権限をもっている。

公立学校教員はいったん正式採用された後は，諸外国ではほとんどみられない定期的な一斉人事異動，能力・実績の評価とそれの配置・給与等処遇面への反映が，すべて採用時の教育委員会という同一の任命権者によって管理される教職キャリアを送るのが一般的である。校長が教育理念や学校運営方針を示し，それに賛同する教員を募る「公募制」や転任を希望する教員が自分の専門性・得意分野をアピールして受け入れ希望校長と協議を行う「FA制」など目新しい制度が導入されてはいるが，これらの場合も，「適材適所の配置」をめざして同じ任命権者のもとで行われることである。都道府県間の人事交流制度もあるが，量的にもわずか（2005年4月現在，全国で187名）であり，また任用権者による「派遣」であるにすぎない。

個々の教員が，今より良い条件で雇用契約を結べる新たな雇用主を探すという「転職」は一般的ではない。このことが日本の教員の勤務と生活のありようを根底で規定すると同時に，年に一度，ほぼ一斉に実施される教員採用試験を非常に重要なものとすることになっている。

3 教員採用──教職へのリクルート

1 教員採用のしくみと実際

現在，小・中学校本務教員の9割以上が公立学校に勤務しており，一方，高等学校では本務教員の約4人に1人が私立学校教員である（前掲　表5.2）。

私立学校の教員採用には，次に述べる公立学校の場合と異なり，直接的な法的定めはなく，学校や学校法人が独自にさまざまな方法で教員を採用している。一般公募（大学などへの公募書類送付），都道府県の私立学校協会・連合会による

「私立学校教員適性検査」や「履歴書委託制度」の利用，関係教職員の紹介などである。私立学校は，各学校の理念や教育目標に基づいて特色ある教育を行っていることが多いので，「建学の精神」や学校の沿革への理解，（公立ではなく）私立学校で教育に携わりたいという意欲も求められる。

公立学校の教員は地方公務員であるが，その採用については，地方公務員一般とは異なる定めとなっている。地方公務員法では，職員の採用は「競争試験によるものとする」（同法第17条第3項）となっているが，教員については教育公務員特例法で「選考による」（同法第11条）とされている。「競争試験」と「選考」は明確に区別されるものであり[9]，「競争試験」が行政事務能力の有無を判断するものであるのに対し，「選考」は「一定の基準と手続き」のもとに「学力・経験・人物・慣行・身体等」を審査することであるといわれる[10]。教員の採用で「選考」という方法がとられるのは，子どもの成長を支援する教師の専門性やその基盤となる人格的要素の判断が競争試験にはなじまないと考えられるためであり，また，対象が教員免許状を取得（あるいは取得見込み）の者という点で，教師として必要な専門性，実践的指導力の基礎を身につけている保証があることにもよる。公立学校教員の「選考」は「任命権者である教育委員会の教育長」が行う（教育公務員特例法第11条）。公立学校教員の任命権者は都道府県教育委員会または指定都市教育委員会である（②③参照）。

公立学校教員の採用選考試験は，毎年一回，都道府県及び政令指定都市で実施されている[11]。政令市については，単独で実施する場合と，県と共同実施する場合がある。採用試験の実施状況（受験者数，採用者数，受験者および採用者の経歴等）と実施方法（試験内容，特定の資格・経歴をもつ者を対象とする試験免除や特別選考，基準の公表状況等）については，毎年度，文部科学省が調査した結果が公表されており，各県・市の採用試験の実際を知る手がかりとなる[12]。試験は，一般的には一次試験で「一般教養」「教職教養」「専門教養」などの筆記試験，二次試験では面接（個人面接，集団面接）や実技が中心になる。一次試験から面接が課される場合や，三次試験が実施される例もある。「小論文」「模擬授業」「場面指導」「指導案作成」「適性検査」など，多様な方法がとられる。

従来から，教員採用の実態については，「採用の密室性」「試験問題と教員に必要な資質能力の整合性がとれていない」「選考方法は多様に見えるが，結果として多様な教員を選ぶことにはなっていない」など，さまざまな問題が指摘されてきた。教員採用は，どのような人物が子どもの教育を担うのかという点で，公教育への社会からの信頼を基礎づける事柄である。とくに，2008年6月に発覚した大分県での教員採用・昇進に関する不正事件を契機に，教員採用での透明性・公正さが強く求められるようになり，教員採用選考情報の公開・開示（選考に関する行政情報の公開と本人への選考結果情報の開示）が急速に進んだ。この結果，2011年夏に実施された平成24年度公立学校教員採用選考試験では，66県市すべてで，採用選考基準の公表（すべてか一部を除いてかや公表方法は県市により異なる），試験問題・解答・配点の公表，本人への成績開示が行われている。

　情報が公開・開示されることで，どのような人をその自治体の教員とすべきかについて広く議論する前提ができる。また，教員志望者にとっては自分がどのような力をつけるべきか，(不合格であった場合)何が不十分であったのかを理解して学習するきっかけになる。一方で，「公正さ」のために試験結果の点数化が進むと，それによって「選考」という特質を離れていっそうの「競争試験」化に向かってしまうという矛盾もある。教員の仕事の専門性に即し，地域住民や保護者に対する責任を意識した「選考」のありかたを検討していくこと，それとの関係で選考する側の力量形成の保障をしていくことが必要である。

2　教員採用をめぐる構造変容

2000年代に入って，教員採用の構造変容ともいえる状況が出てきている。

(1) 変容の状況

　構造変容のひとつは，教育委員会が採用前の教員志望者の教育を直接的に行う，「教師塾」の出現である。東京都教育委員会が設置した「東京教師養成塾」(2004年〜)を最初として，杉並区の「杉並師範館」・横浜市の「よこはま教師塾」・埼玉県の「埼玉教員養成セミナー」・京都市の「京都教師塾」(いずれも2006年〜。ただし，杉並師範館は2010年度限りで廃止)，名古屋市の「なごや教

師養成塾」(2008年～)など,教育委員会が主催し,教員志望の学生・社会人を対象に,半年から1年程度かけて「実践的指導力」を育成することが拡がってきている。塾修了者に対して教員採用での優遇策(「特別選考枠」の設置や一次試験免除など)を設けて,実質的な教員採用のプロセスとなっている場合もある。教員養成は大学,採用とそれ以降の研修は教育委員会,という枠組みが変容している。

構造変容の第二は,臨時教員の急激な増大である。これまでも,正規の教員の代替(出産休暇・育児休業・病気休暇,研修等の代替),補充(年度途中の死亡・退職等の場合)や授業時数調整のために,多数の臨時教員(講師)が存在し,その勤務実態の改善が課題となってきた。しかし,ここ10年ほどの間に生じているのは,それに加えて,雇用形態が多様化し,広く社会一般で問題となっている"非正規労働"の問題が学校現場で実態化している状態である[13]。表5.4に統計を示した。「本務者」は「当該学校の専任の教職員」,「兼務者」はそれ以外の者である[14]。教員採用試験に合格して正規採用されれば「教諭(本務者)」になり,その人たちが教育の中心を担うというのがこれまでの了解であったが,表からは,「教諭(本務者)」が減り,「講師」が増えていること(正規

表5.4 教諭・常勤講師・非常勤講師の人数の推移

	公立小学校				公立中学校			
	教諭 (本務者)	教諭 (兼務者)	常勤講師 (「本務者」 で職名が 「講師」)	非常勤講師 (「兼務者」 で職名が 「講師」)	教諭 (本務者)	教諭 (兼務者)	常勤 講師	非常勤 講師
2000年	319,705	292	12,065	7,501	203,437	104	8,771	10,641
	100	*100*	*100*	*100*	*100*	*100*	*100*	*100*
2005年	323,439	2,964	18,708	14,738	190,504	2,333	12,022	13,066
増加率	*101*	*1015*	*155*	*197*	*94*	*2243*	*137*	*123*
2010年	314,887	5,937	21,983	17,620	182,251	4,655	15,226	14,134
増加率	*99*	*2033*	*182*	*235*	*90*	*4476*	*174*	*133*

(注:「増加率」は2000年を100とした場合の数値を示す)
(出所:文部省(2000年)文部科学省(2005年,2010年)『学校基本調査』より作成)

から臨時へ），また，専任としてひとつの学校の教育に携わるのではない「兼務者」が激増していること（常勤から非常勤へ）がわかる。

(2) 変容の背景

これらの構造変容の背景として理解しておかないといけないのは，まず，現在の日本の教職が，大規模な構成メンバーの入れ替わり時期に直面している，という人口統計学的な実態である。公立小・中学校教員の平均年齢は44.4歳（2011年3月31日現在）で，今後10年間に教員全体の約3分の1，20万人弱の教員が退職する見通しとなっている[15]。地域，校種によっては状況はさらに厳しく（たとえば，首都圏の小学校教員），この大量退職に対応して，力量のある新規採用教員を量的に十分に確保することが喫緊の課題となっている。

構造変容の背景としてさらに重要なのは，小泉純一郎内閣（2001年～）による，いわゆる「三位一体改革」が教育行財政に及ぼした影響である[16]。

市町村立の義務教育学校の教職員の給与は，市町村ではなく，都道府県が負担することになっている（「県費負担教職員」制度）。そのうえで，国が都道府県の実支出額の一定割合を負担している（「義務教育費国庫負担」制度）。市町村立義務教育学校の教員は，市町村の公務員であるが，給与は（市町村ではなく）都道府県と国が負担し，採用は前述のように都道府県が行うという扱いになっているのである。国が給与を負担するのは，現行では"1学級40人で学級編制した場合に何人の教員が必要か"を基本にして算出される人数分である。

算出された「義務教育費国庫負担金」を国が都道府県へ渡すに際し，以前は給料・諸手当や職種別の教職員定数について国レベルでの定めが設けられていた。これによって全国的に均等な水準を確保することが可能になるが，一方，地方が独自の工夫をしようとしても制約になっているとの意見もあった。この状況に対して，2004年に「総額裁量制」が導入された。「総額裁量制」とは，「国庫負担金」総額の範囲内であればその使い途は都道府県の裁量にゆだねるという制度である。これによって，給料・手当の種類や額，非常勤講師や再任用教員の採用を，都道府県が独自に決定できるようになった。

「総額裁量制」導入によって，給与を国の標準より低く設定してその分の財

源で標準より多い教員を採用し，独自に40人以下の「少人数学級」を実現する県が続出した。しかし，それにともない給与水準や学級規模の地域間格差が拡大した。また，すでに2001年に，正規の教員定数の非常勤講師数への換算（いわゆる「定数くずし」。たとえば，正規教員ひとり週40時間の労働時間を複数の非常勤講師が合計40時間働くことによって換える。）を可能とする法改正が行われ，臨時教員増が進んでいたが，「総額裁量制」がこの傾向をさらに後押しした。

2006年に，「県費負担教職員」の給与についての国庫負担率が1/2から1/3に引き下げられ（それまでは都道府県と国が1/2ずつ負担）都道府県の負担が増した。同時に，市町村が給与を負担して独自に教職員を採用する（「市町村費負担教職員」）ことが可能となる法改正も行われた。市町村の特性・創意工夫を生かした教育を展開できるということではあるが，結果として臨時教員がさらに増加することとなった。

この経過が示すように，学校での"非正規労働"問題は，子どもの実態から丁寧な指導（たとえば少人数学級）が必要になっているが，財政的には人件費の削減が強く求められるという状況のなかで生じてきており，本来は正規採用の教員が担当すべき学級担任や生徒会担当といった仕事に臨時教員があてられている。1で説明した教員採用選考試験の際に臨時教員経験を考慮した特別選考を行う県市も増えているが，「公平性，公正性，透明性の確保」のために「臨時的任用教員について優先権を与えることがないように十分留意すること」という通知も出され[17]，臨時教員の困難解決は容易ではない。

教育は子どもにとっての基本的人権であり，教育の仕事は専門職とみなされるべきこと，そして質の高い教育のためには教員の社会的経済的地位の向上が切り離せないことを国際的合意として明らかにしたILO・ユネスコ「教員の地位に関する勧告」(1966年)[18]から半世紀近くたっている。本節でみた教員採用をめぐる構造変容は，現在の日本において，教育という仕事そのものと教員とをどうとらえるのか，についての再考を迫るものである。

3 大学を卒業して教員になるということ

教員の採用については，1で述べたように，専門職としての特性を重視する必要があり，そのことから，他の職業への就職問題とは切り離して独自の問題として議論される傾向がある。では，教員になるという進路選択は，大卒労働市場全体のなかでどのようなポジションを占めてきたのだろうか。

図5.1は，大学（学部）卒業者について，40年間の変化を男女別に図示したものである。大きな円グラフは各年度の大卒就職者全体を示し，そのなかの灰色の部分が学校基本調査で「教員」に分類される職業に就いた人の比率である。小さな円グラフは教員就職者について，その学校別内訳を小学校，中学校，高等学校，その他（中等教育学校，特別支援学校，大学，短期大学，その他の学校）で示している。表5.5は，図の卒業者が大学に入学したのが4年前と想定し，図

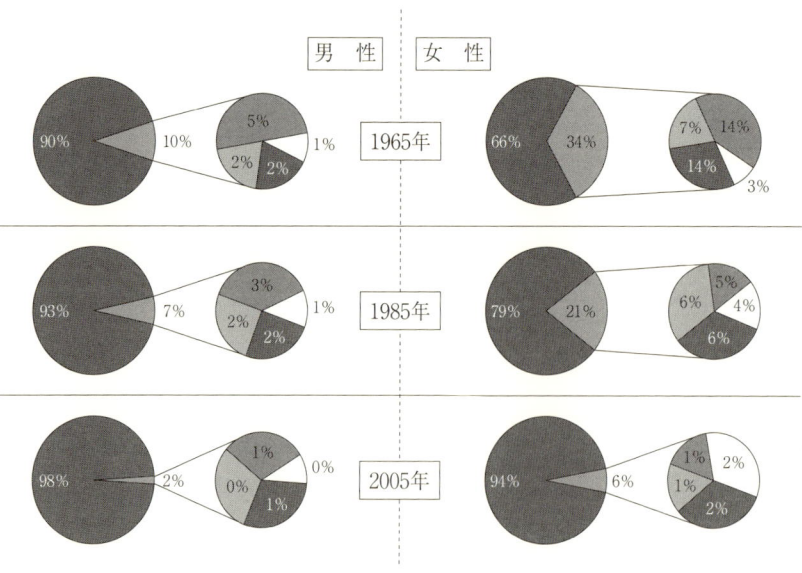

図5.1 大卒就職者のうちの「教員」就職者比率及びその学校種別比率

男 性　　　女 性

1965年　男性: 90% / 10% (内訳 5%, 2%, 2%, 1%)　女性: 66% / 34% (内訳 14%, 14%, 7%, 3%)

1985年　男性: 93% / 7% (内訳 3%, 2%, 2%, 1%)　女性: 79% / 21% (内訳 6%, 6%, 5%, 4%)

2005年　男性: 98% / 2% (内訳 1%, 1%, 0%, 0%)　女性: 94% / 6% (内訳 2%, 2%, 1%, 1%)

■教員就職者　■小学校　■中学校　■高等学校　□その他

（注：図中の数字は小数点以下を示していないため，1.0未満の数字が0％と表示されている。）
（出所：『学校基本調査』各年次より作成）

表5.5 大学（学部）進学率−過年度高卒者等を含む

	男性　％	女性　％
1961年	15.4	3.0
1981年	38.6	12.2
2001年	46.9	32.7

（出所：『学校基本調査報告書』各年度より作成）

の各年度の4年前の大学進学率（過年度高卒者等を含む）を示したものである。

　図表が示しているのは，男女ともに大学進学率が上昇するにつれて，就職者中の教員就職者の比率が下がること。とりわけ，女性の場合，男女雇用機会均等法施行（1986年4月）の前後で，その変化が劇的であること，である。4年制大学に進む女性が同一年齢層のわずか3.0％にすぎなかった時代には就職者の34％が教員になっていた。これは，女子学生の側からみれば，4年制大学を卒業した女性にとって選択可能で魅力のある職業が限られていたということであり，教育界の側にとっては，人材の獲得に際して他の職業と激しい競合関係になることはなかったということになる。

　大学進学・卒業者の数が増えるのと並行して進路の幅が拡がった現在，学生には，なぜ教員になろうとするのかを他のさまざまな職業（を選ばないこと）との関係で自らに問い，明確にすることが求められる。他方，教育界の側は，教職を意欲と能力のある多くの人々を惹きつけるような職業とすることが必要になる。2011年度の公立学校教員採用者を学歴別にみると，短期大学出身が2.6％，大学院出身が10.8％であり，現時点では大学卒業の学歴で教員となる者が最大となっている[19]。しかし，前述のように，「修士レベル化」が検討されており，実際に高等学校の教員採用ではおよそ4人に1人の採用者が大学院出身となっている。職業としての教員に求められることやその現状を十分に理解し，熟考して教員になる選択をすることが，大学生・大学院生そして他の職業から教員への転身を考える場合にも重要である。

　グローバル化が進む現在，一般企業で外国人中心の採用である「グローバル枠」が設けられ始めるなど，大卒労働市場の状況は急激に変化している。が，

教職については，任用資格の面から，今のところこういった変化は及んでいない。日本の教員免許状は日本国内で大学での学修によって取得するのが一般的であり，EU加盟国間のように資格の相互認証によって他国で教員免許を取得した人を教職に迎え入れるというシステムはない。また，公立学校教員採用においては日本国籍をもつことが任用条件になっている場合が圧倒的である。

しかしながら，教員が向かい合う子どもたちには，日本に住んで働く外国人の増加や保護者の海外勤務の関係で，確実に時代の影響が現れている。教員は，グローバル化という新しい条件のもとで子どもの教育に対して向けられる要請，同時に，ローカルな地域社会の持続的発展のために学校と教員に期待されていることが，そしてそれ以上に，子どもたちが大人になったときにどのように生き，ふるまうことが世界の一員として大切であるのかを考え抜いて，日々の仕事にとりくまねばならない。教員の仕事，自分が教員になるということを，歴史的な社会変動のなかでも考える必要がある。

【高野　和子】

注
（1）2010年6月に中央教育審議会に「教員の資質能力向上特別部会」が設置され，教職生活の全体を通じた資質能力の向上策が検討されている。
（2）1997年6月成立の「小学校及び中学校の教諭の普通免許状授与に係る教育職員免許法の特例等に関する法律」（通称介護等体験特例法）による。
（3）規制改革・民間開放推進会議「文部科学省の義務教育改革に関する緊急提言～真に消費者（生徒・保護者）本位の多様で質の高い義務教育体系の実現に向けて～」2004年11月30日。
（4）OECD, *Teachers Matter*, 2005, p.57.
（5）文部科学省『学校教員統計調査報告書』2004年度版，2007年度版より。それぞれ10月1日現在。
（6）OECD, *op. cit.*, p.55.
（7）2000年度の国勢調査結果による。2007年度文部科学省学校教員統計調査によれば，本務教員で大学・大学院を最終学歴とする者の割合は，小学校87.1％，中学校93.8％，高校97.8％と，さらに高くなっている。
（8）人口・世帯研究会監修，田辺裕編著『職業からみた人口　その地域構造と変動』大蔵省印刷局，1996年，70-77頁。
（9）人事院規則8-12。

(10) 教育公務員特例法第 11 条についての「解説」(『解説教育六法 2010 年版』三省堂，590 頁)。
(11) 中央教育審議会では，教員の人事権を中核市（人口 30 万人以上。2011 年末現在 41 市）にまで付与することが検討されているが，現行は政令指定都市のみである。
(12) http://www.mext.go.jp/a_menu/shotou/senkou/1243155.htm
(13) NHK の番組，クローズアップ現代で 2008 年 11 月 6 日に「教育に穴が空く－"非正規"教員依存のひずみ－」が放送された。
(14) 文部科学省による用語解説。「兼務者」は，たとえば，ある人が A，B 2 つの学校で非常勤講師をしている場合，"A 学校で教員（兼務者）1 人，B 学校で教員（兼務者）1 人，あわせて教員（兼務者）2 人" というように延べ数で計上されている。http://www.mext.go.jp/b_menu/toukei/chousa01/kihon/yougo/1288105.htm
(15) 中央教育審議会教員の資質能力向上特別部会『教職生活の全体を通じた教員の資質能力の総合的な向上方策について（審議経過報告）』2011 年 1 月 31 日。
(16) 詳しくは，小川正人『教育改革のゆくえ－国から地方へ』ちくま新書，2010 年参照。
(17) 文部科学省初等中等教育局長「教員採用等の改善について（通知）」2011 年 12 月 27 日（23 文科初第 1334 号）
(18) 勧告の日本語訳は『解説教育六法』(三省堂)，『教育小六法』(学陽書房)，『ハンディ教育六法』(北樹出版) などの各年度版に収録されている。また，ILO (International Labour Organization 国際労働機関) 駐日事務所による関連情報は http://www.ilo.org/public/japanese/region/asro/tokyo/feature/2006-10.htm で読むことができる。
(19) http://www.mext.go.jp/a_menu/shotou/senkou/1314470.htm

考えてみよう
1．児童・生徒として学校教師に出会った自分の経験から，また，将来，保護者として学校と関わることになる状況を想定して，どのような人が「よい先生」であるのか，ポイントを列挙してみよう。そして，それらのポイントをもった人を獲得するために，教員採用のしくみに必要なことは何かを考えてみよう。
2．自分はなぜ教員になろうと思うのか〔思わないのか〕，教員以外の職業を具体的にひとつ設定し，それとの対比で説明してみよう。

参考文献
神田修・土屋基規『教師の採用－開かれた教師選びへの提言』有斐閣，1984 年
日本教師教育学会編『教師をめざす（講座教師教育学Ⅱ）』学文社，2002 年
今津孝次郎『教員免許更新制を問う』岩波書店，2009 年

第6章　学校教師という仕事

　「私は一通り聴き終わると，胸を反らせて，「満州は日本の生命線だ。大和民族の発展を考えたら，君らのような若者がこの重責を担わなくてどうする！　今の農村は行き詰っている。農村更正のためにも君らが新天地に雄飛する以外にない。今，満州ではあの広大な沃野が君たちを求めて待っている。」と得々としゃべっていた。その子はすごすごと帰って行った。私は，自分の言葉に言い知れない興奮を覚え，充実した夜のような錯覚に酔いしれて眠った。」(1)

　三沢豊さん（国民学校併設の青年学校教師）の述懐である。ある夜，授業の一部だけを担当している国民学校高等科の生徒が，満蒙開拓青少年義勇軍に応募できない自分の立場を聞いてもらおうと思って来たのだが，三沢さんは義勇軍に参加すべきだと叱咤激励した。その生徒は，翌日，学級担任に義勇軍に行くことを伝えた。「学級担任は，「とうとうやったよ。これで目標達成だ。校長先生もご機嫌だよ。」」と話したが，三沢さんは，「内心，「オレの力さ」と気をよくしていた」という。その子は再び帰っては来なかった。戦後，軍隊から帰った三沢さんは，生徒たちから次の言葉を浴びせられた。「「戦争に行け」とあれほど言ってオレたちを無理やり兵隊に行かせておいて，帰って来たら，「あの戦争は間違いだった」と言ってやがる。死んだ者はどうするんだっ！」。三沢さんはこう語っている。「それを聞いて私はハッとした。「教師は，国の政策がこうだったので，オレはその国策を代弁しただけだ，ということでは，責任を逃れられないんだ」と」。彼は「使命感」あふれる教師であった。『二十四の瞳』の大石先生とは違い，「時代が求める」模範的教師といえるだろう。その「使命感」あふれる教師は子どもに何をもたらしたのか。

今日も，旧教育職員養成審議会や中央教育審議会の諸答申では「教員として求められる資質」として「教育者としての使命感」が強調されている。しかし，その「使命感」の具体的中身は何なのか，このような問題意識をもつことこそが「教師として求められる資質」の重要な要素であると筆者は考える。

　旧教育基本法第10条1項は「教育は，不当な支配に服することなく，国民全体に対し直接に責任を負って行われるべきものである」と規定していた（1947年3月31日公布・施行）。天皇の僕としての教師から目の前の子どもの「最善の利益」のために働く教師への転換を誓ったものである。「国民全体に対し直接に責任を負って」教育活動をする教師という役割に照らして今日の学校教育や教師の現状を真摯に見つめるならば，何も満蒙開拓青少年義勇軍や戦争への動員ではなくても，筆者も含めて「小さな」三沢さんはそこかしこにいやしないだろうか。

　2006年12月に公布・施行された新教育基本法第16条1項は，「教育は，不当な支配に服することなく，この法律及び他の法律の定めるところにより行われるべきものであり」として，旧法第10条1項の規定を大きく改変した。「国民全体に対し直接に責任を負う教育」から「法律の定めるところにより行う教育」への変化は，三沢さんの悔恨と重ねると教育実践上どのような意味をもつのだろうか。

1　教師の一日

　教師の仕事は多忙で複雑だという。しかし，「どうしてそんなに忙しいの？」と問い返されると，うまく説明できないことが多い。そこで，筆者の知人から寄せられた「教師の一日」をもとに教師の仕事を考えてみよう。教師の仕事の特徴である「無境界性」（仕事の終結や責任の限定がない），「多元性」（多様な種類の仕事を同時並行的に行う），「複線性」（多様な仕事を同時に平行して行い，その時々に優先すべき仕事が絶えず変化する），「再帰性」（努力や手抜きは教師自身にかえってくる）が感じとられるであろう。

1　小学校教師

　Aさん（女性）は2年目の教師，1年生の学級担任である。朝7時から夜22時まで15時間。その間，休憩はほとんどできない。短い日で13時間30分。自宅で2時間程度持ち帰り仕事をしているから，長い日は17時間，短い日で15時間30分。『あゝ野麦峠』に描かれる明治期の紡績女工にも匹敵する長時間労働である。しかし，教師はこの「無定量」の仕事を誰かから命じられてイヤイヤやるのではなく，自らの意思・判断で「主体的」に行う（正確には，「行っているとされる」）のである。「主体的」に行えなくなったとき，それはバーンアウト（燃え尽き）の時である。Aさんは1年目はこれに初任者「研修」があったため，さらに過密な日々を過ごしていた。20代前半の女性が午後10時ごろまで勤務先で仕事をし，帰宅が毎日午後11時，それからまた自宅で仕事。いかに「ルールなき資本主義」が横行する日本といえども，このような勤務状態がなぜ大きな社会問題とならないのだろうか。

　〈5時30分〉起床。〈6時15分〉家を出る。〈7時10分〉学校着。授業準備，教室で子どもを迎える。……〈14時30分〉5校時終了。終わりの会。〈14時50分〉子どもたち下校。〈放課後〉欠席児童や気になる児童の家庭へ連絡・家庭訪問，学年打ち合わせ，行事等の準備（なかなか自分の学級の仕事や，授業準備に取り掛かれない），ノート・プリント丸付け（前日の宿題，朝学習，授業のワークシート等），明日の授業準備。〈22時〉学校を出る（昨年に比べれば早くなった。早い日は20時30分ごろ）。〈23時〉帰宅（早い日は21時30分ごろ）。成績付け，授業準備，丸付け。〈2時〉就寝（早い日は24時ごろ）。

　Bさん（男性）は，子育ての真っ最中であり，学校行事等のとき以外は，16時30分～17時30分には学校を出る。子どもを18時ごろに保育所に迎えに行き，洗濯物を取り入れ，夕食を準備し，子どもと食べ，片づけた後，入浴・遊び・読み聞かせなどをして，21時30分～22時ごろに子どもと就寝する。これで，翌朝，彼が6時ごろに起きて，8時15分くらいに学校に着くということならば，正常な生活であろう。しかし，Bさんは，毎朝4時に起床して一仕事した後，5時30分の電車に乗る。6時30分ごろに学校に着いて，授業資料，授業用ワークシート，プリント，学級だよりの作成・印刷を行う。こうして「子育て」

という当然の営みの「代償」を早朝出勤によってカバーしているのである。Bさんは、学校で10〜11時間、自宅で2時間、あわせて12〜13時間の労働である。

〈7時30分〉自分の教室で：机上の整理整頓、宿題の丸付け（日記、算数プリント）、新出漢字のノートの丸付け、一人ひとりの図工作品の進み具合点検、子どもの作品の掲示、授業で使う教具（掲示用短冊書き、磁石付け、道具の持ち運び）準備。〈7時50分〉登校してくる子どもの話を聞きながら、宿題漢字ノートの丸付け、宿題を忘れた子への指示。〈8時15分〉学年打ち合わせ（学年の活動準備、教科の進め方など）。〈8時30分〉全職員打ち合わせ。その後、再び教室にて：朝の会の進め方、朝読書や1分間スピーチへのアドバイス、忘れ物の確認、急ぎの提出物を出していない子に声をかけ持ってこさせる。〈8時45分〜50分〉1校時の授業を始める。〈1校時の後〉2校時の準備、子どもの人間関係の観察、宿題の丸付けの続き。〈20分休み〉保護者からの連絡帳への返事書き、体の調子の悪い子を保健室に見に行く。トラブルについて関係者との話し合い、隣のクラスに次の授業の準備物を借りに行く。1校時に子どもが書いた漢字ノートの丸付け等。〈2・3・4校時〉授業。〈12時15分〉給食準備。当番の子の着替え、給食室への整列・出発を見届ける。おわん1杯分の量をおかず係に担任がアドバイス。他クラスの子どもとのトラブルについての話し合い。〈12時30分〉あいさつ、余ったおかずを担任が分けて入れて回る。〈12時55分〉そうじをしているか点検、やり方アドバイス。〈13時15分〉昼休み、丸付けの続き、授業の準備物を用意、休憩または子どもとドッジボール、体育委員会（5・6年）の子どもと一輪車の空気入れ、朝にできなかった緊急の仕事の続き。〈13時40分〉5校時。〈14時25分〉帰る用意と終わりの会、自分で帰る用意を急いでできない子の観察、宿題プリントの入れ忘れはないか点検をする等の手伝い。〈14時50分以降〉宿題忘れで、「居残り学習」をした子どもを家庭に送り届ける。第1週月曜日、生活指導委員会での話し合い。第3週水曜日、職員会議。火曜日・木曜日には出張が入ることがある。それ以外は、同学年担任との打ち合わせ（学年行事の予定、教科の進め方）や丸付けの続き、体の調子の悪かった子、トラブルについての保護者への連絡、自分の分掌に関する企画・資料づくり、市教委への提出締め切り文書の作成。〈16時30分〜17時30分〉学校を出る。

ベテラン教師のCさん（男性）は、「書類の提出、学年行事の計画など事務的なことも効率的にこなせないと負担とストレスが本人と周囲の人に倍になって

返ってくるので，軽視できない」と語っている。書類作成の増大とともに，近年のもうひとつの特徴は，成績評価の仕事が毎日のように入っていることである。これは，1990年代以降の新しい学力観を基本とする観点別評価に対応するためである。とくに「関心・意欲・態度」を評価する作業が教師の仕事をより過重で気の重いものにしている。ベテラン教師にとっても負担は重い。

2　中学校教師

　学年主任のDさん(男性，社会科)は，勤務校のなかでは出勤が遅く退勤が早い方だというが，それでも朝7時55分に学校に着き，通常，19時30分ごろに学校を出る。約11時間30分の勤務である。小学校との大きな違いは，教育課程外の部活動顧問としての負担が大きいことである。放課後，早朝，休日に部活動にかける時間とエネルギーは膨大である。Dさんは，情報科学部の顧問なので週2回の活動であるが，運動部や一部の文化部になるとほとんど休日返上の活動になる。Dさんも他の教師と同様に自宅では教材研究に没頭し，とくに手づくり教材の開発・製作に時間を割いている。そして，県内の社会科教師を中心とする民間教育研究団体のリーダーとして手づくり教材を普及する活動に力を尽くしている。

　学年主任のEさん(男性，数学科)は「お茶も飲めない朝の職員室」，そして，放課後も，「いつになったら教材研究ができるの」と切実な状況を語っている。また，教育相談の担当者として家庭訪問に忙しいFさん(男性，社会科)は，野球部顧問を務めているために土・日の出勤が多い。楽しみは部活動がない休日の「図書館や自宅での教材研究」である。「授業ができる環境があれば授業づくりほど楽しいものはない。子どもたちがどんどん挙手をしたり，笑顔にあふれた雰囲気に教室がつつまれた時ほどすばらしいことはない」と語る。校種を問わず，教師にとって教材研究はもっとも基本的であり必要であり，かつ，もっともやりたい仕事であるのになかなかその時間が確保できない，という異常が全国的に常態となっている。教材研究時間の確保こそ教育改革の最優先課題ではないだろうか。

3　高等学校教師

　高校教師は授業を中心に仕事をしているような印象があるかもしれない。しかし，圧倒的多数の高校では義務教育諸学校と同様に授業以外の仕事に忙殺されている。ただし，高校間・学科間・課程（全・定・通）間の差異が大きい。Gさん（男性，地歴科・公民科）は全日制普通科高校に勤務する教師で学級担任を務めている。

　〈6時〉起床。〈6時40分〉家を出る。〈7時45分〉学校に着く。教室へ行き窓を開け換気し教室を点検する。学級通信・教科通信や教材プリントを印刷。クラスのボックスを見て，朝のショート・ホームルーム（SHR）での連絡事項をノートにメモ。〈8時20分〉職員打ち合わせ。〈8時25分〉教室の鍵・出席簿・学級日誌・配布物・返却物を持って教室へ。掲示物を貼る，昨日欠席の生徒などに声かけ。〈8時30分〉SHR。出欠をとり諸連絡。国語の小テスト実施・回収。昼休みにクラスの文化祭実行委員会をすることを告げ，実行委員長と打ち合わせ。〈8時40分〉職員室の黒板に出欠点呼の結果を記入，欠席連絡のない生徒の家庭に電話，国語の小テストを出席簿順に並べ替え担当教員に提出。遅刻生徒に入室許可証を発行し，黒板の出欠欄を訂正する。〈9時25分〉2校時の授業の準備に2階の社会科準備室へ。〈9時35分〉職員室に行き，出席簿をとり，授業教室へ。〈9時40分〉授業を始める。教科通信と教材のプリントを配布。遅刻した生徒の入室許可証を受け取る。〈10時30分〉2校時授業終了。職員室へ行き，出席簿返却，黒板の出欠欄の訂正。入室許可証を学級担任に渡す。次の授業クラスの出席簿をとり，2階の社会科準備室へ寄り授業のプリントを持って教室へ向かう。〈10時40分～11時30分〉3校時授業。〈11時40分〉4校時授業開始。教室移動クラスの施錠の確認。職員室にて授業料免除希望生徒の書類の続きを書く。仕事をしながら，生徒やクラスの情報交換を行う。次の日の教科通信をつくり始める。4校時の終わり10分ほどで，昼食をとる。〈12時30分〉昼休み。図書館当番（図書館を開館，図書委員が来るまでカウンター業務，予鈴で生徒追い出し，図書館施錠），当番外の日は校舎内回り（3人1組で巡回），クラスの班長会。平均2〜3人の生徒が相談や用事で来る。

　これがGさんの昼休みまでの仕事ぶりである。授業を中心としながら多様な仕事を分刻みで行っている。生徒のトラブルが発生すると，「授業どころではない」事態に追い込まれる。Gさんの場合は通常は19時30分ごろに学校を出る。約12時間の勤務である。自宅でも2時間ほど仕事をするので，14時間

仕事をしていることになる。また、教師の昼食時間に注目したい。Gさんだけではなく教師に共通することは「早食い」である。5～10分程度、あるいは食べられない日もある。教師の仕事は、授業・準備、生徒指導、事務的・管理的仕事、保護者との対応、同僚との協議等が細切れに同時並行的に錯綜している。しかも、何を優先課題とすべきかは刻々と変化する。瞬時に「最善の行動」を選択し続けなければならない。教師の仕事の「多元性」「複線性」といわれるものである。しかも、「不確実性」といわれるように、選択した「最善の行動」が児童生徒の「最善の利益」に合致するかどうかは実のところ不明なのである。

4　特別支援学校教師

次に、特別支援学校に勤務する教師の仕事を紹介しよう。

Hさん（男性）が勤務する特別支援学校は、重心教育部、病弱教育部、通学高等部の3つの部から構成されている。Hさんは、重心教育部に所属し、病院に入院している重症心身障害児の学校教育（小学部・中学部・高等部）を担当している。

〈8時10分〉学校着。前日の仕事着を洗濯し新しい仕事着に着替える。〈8時30分〉職員朝礼。授業教室の点検・整備をして児童生徒を迎える準備。登校時の服は学校が準備をするのでそれら必要なものを鞄に入れる。〈8時45分〉病棟（学校と渡り廊下でつながっている）へ移動。病棟からの申し送り事項を確認。ここで子どもの様子（排便・投薬・就寝等の状況）やその日の担当看護師、登校の可否などが連絡される。確認後、子どものベッドサイドに行き、声かけ、着替え。その後、担当看護師から注入食（点滴のようなもの、チューブから胃に直接注入）、薬を受け取り学校で使うオムツやタオル等を準備。〈9時15分〉子どもを車椅子に乗せ替えていっしょに登校。〈9時20分〉学校着。学校看護師が子どもの処置（吸痰、食事の注入、ガーゼ交換など）をしている間に病院から持ってきたものを整理。〈9時30分〉授業。午前中の時間帯は個別に体操や機能訓練。歌、散歩、絵本読み聞かせ。〈10時30分〉朝の会。重心教育部の登校している児童生徒全員（5名）が集まり、名前呼びや合唱をする。〈10時50分〉オムツ交換、食事準備。排泄訓練室へ連れていきオムツの交換をする。その後、食事の準備をする。〈11時15分〉研修時間。職員室に戻って出席簿や健康

観察簿の整理をする。午後からの授業の準備（午後からプールの授業があれば，水を張ったり塩素濃度を測ったり遊具等の設営をしたりするなど）。〈12時30分〉休憩。昼食は10分ですませ，教材研究や校務分掌の仕事。〈13時15分〉補食指導など。おやつを食べる子の介助，歯磨き。〈13時55分〉授業（グループでのプールや劇遊びなど）。〈14時45分〉下校指導。病棟に送り届ける。汚物や食器，タオル等持って帰る。〈14時50分〉帰棟。パジャマに着替えさせ汚物等を処理，担当看護師に様子を報告（体温，脈拍，血中酸素濃度，食事摂取量，排便など）。個人の記録ノートに授業の様子記入。〈15時30分〉後片づけ・掃除。子どもが学校で着ていた服を洗濯，授業教室の後片づけ。週に一度，布団や敷物を干し，掃除。

どうだろう。多くの皆さんのなかにはこれまでなかった教師像ではないだろうか。医療機関と学校とが緊密に連携した教育活動である。Hさんが「瞬きすらも評価の対象になるこの指導を通常校の指導に生かせば，どれだけ多くの能力・可能性を引き出せるだろうか」と語った言葉が印象的である。

2 教科指導

1 教科指導（授業）

教師としてのもっとも中心的な仕事が「授業」であることは，言うまでもない。ところが，現実の学校教師は，前述の「教師の一日」からもわかるように，教材研究の時間を十分に保障されているとはとてもいえない。ちなみに，苅谷剛彦らが行った調査では，「忙しすぎて授業準備に十分な時間を割けないと思うか」という設問に対して，小・中学校とも約80％前後の教師が肯定している[2]。文部科学省が2006年に実施した「教員勤務実態調査」でも，一日平均10時間45分の勤務時間（公立小・中学校教員）のうち，授業の準備にあてているのは約1時間であることが報告されている（持ち帰り仕事は含まない）。

しかし，どんな状況であれ，教師は限界に近いところまで教材研究に取り組む。「教師の仕事はブーメランにも似ている。そこで生じる事柄は，どこに投げかけようとも，必ず，それを投げた者の手にもどってくる」[3]という言葉は「再帰性」といわれる教師の仕事の特質をよく表している。

2 学習観の転換

かつては，授業は，人類の文化遺産としての科学的概念・知識や技能を有した教師が，それを子どもに教える・伝達する営みとして把握されてきた。教師は「何を教えるか」と「いかに教えるか」を研究してきたが，とくに，1958年の学習指導要領「官報」告示以後の「法的拘束力」の強調は，「何を教えるか」ではなく「いかに教えるか」（教材解釈）に教材研究を矮小化してきたといえる。ところが，1990年代以降，文部省（文部科学省）が推進した「新しい学力観」のもとで，教師の役割は「指導ではなく支援」ということがトップダウンで強調された。一方では，それとは異なる教育学研究の文脈から「学習観の転換」が提唱されるようになった。「学習観の転換」とは，佐藤学によると「教師が一方的に伝達する授業から，子ども自身が設定した課題を中心に自主的，能動的に学ぶ授業への転換」[4]ということである。

ところで，「学習観の転換」を語るときには，「授業をデザインする」「カリキュラムをデザインする」というように「デザイン」という言葉がよく用いられる。なぜ，「授業設計」ではなく「授業デザイン」なのだろうか。藤岡完治は，「授業設計」においては「授業とはすでに意味の確定されている知識を教師が伝達し，子どもたちがそれを獲得する営みのこと」であり，「「授業設計」が，授業の「動的な生命性」をあいまいな複雑なものとみなし，計画的意図的にコントロールしようとするのに対し，授業デザインはむしろ複雑性，あいまい性を授業の本質とみなす」のであり，「その本質が子どもと教師の「発見」や「創造」の源泉であるとみなすのである」[5]と述べている。また，「カリキュラム」は通常「教育課程」と訳され，学校の教育目標を達成するために学校が組織した教育内容の全体計画を意味する。しかし，「学びの転換」論においては，カリキュラムは「教師と子どもが学校において経験する「学びの経験の総体」」ととらえられている。したがって，「学期や年度の過程において子どもの学びの軌跡として創造され，学期や年度の終わりに子どもの学びの履歴としてできあがるものとして理解されるべきであろう」[6]とされるのである。

佐藤学は新学力観を批判し，その実践的混乱の要因について，「「知識・技

能」よりも「関心・意欲・態度」という言いまわしのなかには，知識の内容と思考の方法を対立させ，学習する内容よりも学習する態度を重視する考え方がうかがえる」ことを指摘し，さらに，「教室の改革においてもっとも重要な課題は「一斉学習か個人学習か」にあるのではなく，中間領域の小グループの「協同学習」にある」(7)と述べている。しかし，新学力観に対する厳しい批判は共有しながらも佐藤とはやや異なる見解が存在する。久保齋は「ちがいがあると思われるのは，私が「協同学習」を実現できるクラスをつくることはそう簡単ではないと考えている点です。「協同学習」が成立するクラスとは，ある程度学力の格差が狭められていること，そして「多様な思考を表現し交流して各自思考を吟味するコミュニケーションが組織される」条件となる学習規律がある段階にまで到達していることが必要です」(8)と述べている。

皆さんはこの議論をどのように考えるだろうか。教師として大切なことは，さまざまな政策や学説・理論を鵜呑みにするのではなく，目の前の子どもに焦点を合わせながら謙虚にかつ批判的に学んでいくことである。それが，教育政策の無批判的履行者ではなく，研究的実践者としての教師の重要な仕事である。

3 教科外指導と学校運営

本節では，教科外指導と学校運営について述べる。なお，教科外指導については，生徒指導と部活動指導に絞って述べておきたい。ただし，部活動は教育課程外の活動であることに留意しておこう（小学校のクラブ活動は特別活動に含まれる）。

1 生徒指導

生徒指導と聞くと何を連想するだろうか。おそらく校門での遅刻指導や頭髪・服装の検査，喫煙や暴力行為に対する指導や処分というイメージが強いのではないだろうか。しかし，生徒指導とは「生徒が一個の人格として健全な成長を遂げることを援助するはたらき」であり，「生徒が学校生活への適応において，あるいは進路の選択において直面するさまざまな困難や悩みをとりあげ，それらの解決を援助することによって，各自の自己実現を図ることが，そのねらい

である」[(9)]から，本来は，児童生徒の人格形成や生き方にかかわる積極的な仕事であり，校務分掌以前にすべての教師にとって教育活動の重要な構成要素である。それにもかかわらず，中学校・高等学校を中心として生徒指導の管理主義的傾向が強まった要因をひとつだけ指摘するなら，幾重もの意味で差別的な後期中等教育制度をあげないわけにはいかない。この根本問題に向きあうことなく人格丸ごとの評価を含む競争や多様化・特色づくりによる高校序列化・格差拡大を進めてきたところに，管理主義的生徒指導が蔓延した構造的要因がある。

生徒指導において，筆者が大切だと思うのは「児童生徒理解」・「児童生徒の内発的力への依拠」と「正義感の抑制」である。前二者はよく語られているので後者について述べたい。教師のみならず人間の多くは「明るい子」「素直な子」「やさしい子」を好ましく思い，「暗い子」「反抗的な子」「粗暴な子」に対しては疎ましい思いを抱くことが多い。とくに，暴力・恐喝・いじめに対しては教師の「正義感」が燃え上がる。それ自体は悪いことではない。しかし，教師の「正義感」は時として児童生徒の行動の表面にとらわれ，本質を見つめることを妨げ，教師や学校の判断を狂わせるおそれがある。生徒のウソやずるさや暴力の背景にあるものは何か，それを考えるのが専門職としての教師である。容易なことではないが，自己肯定感をもてず，教師・大人・社会に対する不信や敵意に満ちた生徒のまなざしや行動をやわらかく受けとめうる教師をめざしたい。

2 部活動指導

部活動は「魔物」である。部活動は教育課程外の活動であるから，それへの参加は生徒個々の任意であるし，顧問としての教師の仕事は本務ではない[(10)]。しかし，生徒にとっても教師にとっても，その生活のなかで部活動の占める比重はきわめて大きい。注意しなければならないのは，割り当てられて顧問を引き受けている教師よりも，むしろ熱中している教師の場合である。部活動は程度の差はあれ生徒自ら希望して入部し活動するものである。一方，学級は基本的に本人の希望とは関係なく編成された集団である。当然，目に見える成果を

得やすいのは部活動である。したがって，教師には授業よりも学級づくりよりも部活動指導がやりがい，楽しみとなってくることがある。とくに中学生の場合には熱心に指導すればあるレベルまでは成果（成績）があがる。それを維持するためにさらに熱心に指導する。こうして，部活動指導がしだいに教師生活の中心を占めるようになってくる。

　しかし，部活動は生徒の自主的活動であるから，技術・研究上の指導・助言とともに，その活動を通して生徒の自治能力が向上するように支援するのが顧問の役割である。また，練習時間や土曜・日曜，長期休業中の活動のあり方など，生徒の学業を中心として，さらに健康や家族生活にも配慮することが重要である。用具代や交通費など部活動にともなう経済的負担にも気配りが必要である。成績主義・競争主義が激烈であると，顧問の気づかぬうちに部内部での対立やいじめなどの陰湿なトラブルが発生することが多い。さらに，部活動中の事故である。生徒本人の苦痛はもとより家族にも多大な被害を及ぼすことがあり，場合によっては顧問が責任を問われ訴訟にまで発展することがある。本務外とされながら顧問教師に負わされている責任はあまりにも重い。

　部活動への極端なのめり込みは，担当教科の授業力形成のうえで否定的要因となりかねないことにも留意してほしい。教育課程には含まれないが，中学・高校の教師はその多くの時間を部活動指導に費やしている。放課後の16時ごろから19時ごろまで（あるいはもっと遅くまで）会議等の校務がないかぎり，部活動を直接的に指導する教師も少なくない。この場合，授業の準備はもちろん，出席簿の整理や児童生徒の評価に関わる仕事，学級関係の事務的処理も部活動が終了したあとにようやく始めることになる。ほぼ例外なく絶対的な時間不足に陥る。

　部活動顧問は魅力的な仕事であり，それゆえ「魔物」である。顧問は援助者の立場にたち，「魔物」に溺れぬようにしたい。

3　管理運営業務

　教科指導，教科外指導の2つの側面から学校教師の仕事を見てきた。これら

は，学校教育法第37条11項の「教育をつかさどる」に含まれる事柄である。しかし，学校教師の仕事はそれにはとどまらない。同法第37条4項の「校長は，……校務をつかさどり」に規定されている「校務」に関連する事柄である。学校種別や各学校により名称や組織は少しずつ異なるが，高校の場合は，おおむね，総務（庶務）部，教務部，生徒指導部，進路指導部，保健部，人権教育部，図書館などの部署が設置され，各教師が「分掌」する。必要に応じて，各種の検討委員会が組織される。通常，これらの部の責任者と校長・教頭とで校務運営委員会（企画委員会）が構成され，学校運営にかかわる重要事項について職員会議で議論する前に問題点を検討し，連絡・報告事項，協議事項など問題の性質に応じて適切な検討方法を決めていく。したがって，この校務運営委員会（企画委員会）のあり様が，学校を民主的かつ効率的に運営していくために重要な役割を有している。中学・高校では，学級担任をせずにこれらの分掌を専門的に担当する教員がいるが，小学校では，普通，教務主任等を除いてすべて学級担任がいくつかの分掌を兼任する。学校教育法では，「教育」と「校務」は区別されており，そのことは，教師の教育権限の自律性・独立性を考えるうえで重要な意味合いをもっているが，一方では，どんな部署の仕事も教育活動とまったく関係のないものは存在しない。一つひとつの仕事が総合されて学校が自律的・有機的な教育組織として働くのである。それぞれの仕事は，生徒の学習条件を支えるものであるが，それとともに，教師にとっても学びの場であり，その仕事を通して教師としての総合的力量を形成していく過程でもある。

4 新たな教師像——teacher から facilitator/coordinator へ

「学習観の転換」については先に述べた。それは，教師を「知識の伝達者」から「学習のデザイナー」に転換するものである。さらに，1996年10月5日，ジュネーブでの第45回ユネスコ国際教育会議で採択された「教師の役割と地位に関する勧告」は「教師は学習を援助するだけでなく，市民性の育成と社会への積極的な統合を促進し，好奇心，批判的思考と創造性，自発性と自己決定能力とを発達させなければならない。教師の役割はますます，集団における学

習の援助者（ファシリテーター）という役割となるだろう」と述べ，また，「共通の教育目標に向かって，さまざまなパートナーによって供せられる教育活動のまとめ役として機能することを通して，現代の教師は，コミュニティにおける変革の効果的な担い手となるだろう」(11)と述べている。「コーディネーター」としての教師の役割である。筆者が勤務した高校でも，教育相談室（不登校児童生徒・保護者等のカウンセリング），児童相談所，福祉事務所，青少年センター（適応教室），医療機関（とくに精神科），児童福祉施設，保護司，少年鑑別所，少年院，家庭裁判所，警察，近隣のコンビニ・喫茶店等の商店，交通機関など，日常的に各種機関の協力を求めて教育活動を行ってきた。ただ，それは必要に迫られてそのつど関係各機関の協力を求めるものであった。たとえば，自殺未遂の生徒（家族関係の悩みが主たる要因）にかかわっての医療機関，児童相談所，福祉事務所，児童養護施設と学校との連携である。しかし，「勧告」が意図する「教育活動のまとめ役（コーディネーター）」は，より恒常的・組織的・計画的に教師が各機関の教育機能を結合させる役割を果たすことであると思われる。2007年度から本格的にスタートした特別支援教育においては，各学校は特別支援教育コーディネーターを校務分掌上に明確に位置づけることになっている。とくに，特別支援学校における特別支援教育コーディネーターには大きな責務が課せられている(12)。

　「勧告」が提起する「ファシリテーターとしての教師」，「コーディネーターとしての教師」としての役割は，たしかに重要なことである。その役割を担うに足る力量形成が専門職としての内実をつくるのであろう。しかし，筆者はこれらの新たな教師の役割を積極的に唱道することをやや躊躇する。なぜなら，「勧告」が認めるように「教師と教育には多くのことが，おそらくは多すぎるほどのことが期待されており，その期待は常に正当な根拠を持つとは限らない」し，教師の「政治的関与」が否定されており，「教師の生活条件・労働条件が，非常にしばしば，その重要で意義深い任務に相応しいものでない」現実があるからである。また，「勧告」が教師の地位向上のために，物質的待遇の改善とともに，現職研修を「教師の権利であると同時に義務である」ととらえ，「あら

ゆる活動と専門性を遂行するにあたって」の「死活問題」と述べていることに留意したい。さらに、「研修計画の決定は教師自身の積極的参加を伴うべきものである」と述べている点もきわめて重要である。すなわち、筆者は、「勧告」が提起するような専門職としての地位向上を促進する施策のないまま、「ファシリテーターとしての教師」、「コーディネーターとしての教師」のみが要求されることにより、教師が現在以上に過重な仕事をかかえ、徒労感のなかで自己を消耗させていくことを危惧するのである。特別支援教育コーディネーターもその大きな期待に応え得る条件整備がなされるのだろうか、2007年度以降の実態を見ると、きわめて憂慮される。

　教師の苦難・疲弊を示す文部科学省統計調査を紹介しておこう。公立学校（初等・中等学校）教員の病気休職者数は、2010年度には8660人（在職者の0.94%）であり、2000年度4922人（0.53%）の約1.8倍に増加している。このうち精神性疾患によるものが、2000年度2262人（病気休職者数の46.0%）に対して2010年度は5407人（62.4%）に増大している。過労死に至る教員や後遺症に苦しむ教員、なかには追い詰められて自死に至る教員も跡を絶たない。しかし、それが直ちに公務災害と認定されることは稀であり、認定されるためには家族・遺族や同僚・教職員組合による長く厳しい取り組みが必要とされる。また、1年間の条件附採用期間後に正式採用とならなかった者は、2004年度には191人（全採用者数の1.0%）であったが、2006年度からは300名内外（1.3～1.4%）に増えている。このように、人間を育てる場である学校における非人間的実態が今日の日本には存在するといわざるをえない[13]。

　自己犠牲のもとに他人の子を教育する教師ではなく、自分の心身の健康を大切にする教師、自分の家族を大切にする教師、まず自分の子どもを自立した市民に育てる教師、筆者はこの教師像が今日もっと検討されてよいと考える。

5　教師集団と保護者

1　保護者との関係

　「困った親」や「モンスター・ペアレンツ」という言葉がよく聞かれる。実

際に，校長・教頭たちの重要な仕事が，保護者からの苦情や要求を適切に処理することであるといっても過言ではない。しかし，保護者から要求や苦情が提示されること自体は，基本的には正当なものとして受けとめることが必要である。保護者は子どもの教育の第一義的な権利者であり，子どもの成長・発達に最大の責任を負う者である。したがって，保護者が教師・学校に対して子どもの教育について要求することは当然の権利である。しかし，その要求を学校・教師はそのまま受け入れる必要性はない。教育専門家としての見地から，できることできないこと，その理由を丁寧に説明すればよいのである。これが基本的な権利・義務関係である。ところが実際には，相互に矛盾・対立する個々バラバラの要求・苦情が，その要求・苦情の全体的位置づけ（妥当性）を考慮することなく，さらに，対話ではなくはじめから敵対的に出されがちなところに難しさがある。しかし，「困った親」だと嘆くのではなく，その要求・行動の背後にある親の願いや心情を考察したうえで，教師としてどのようなことができるか考えることが大切である。

　「「教育参加論・学校参加制度」研究の当然の帰結」として「イチャモンの研究」を続けてきた小野田正利は，「「教育改革病」に翻弄されるなかで，学校や教師が子どもと向き合う時間を奪われ，「本当の思いは何か」を「見抜く」だけの体力と余裕を無くしていることが深刻です」[14]と述べている。保護者からの「攻撃」に学校・教師が過剰反応的に身構えてしまう事態があり，そのために親の正当な要求にも耳を傾ける余裕を失ったり，一見「無理難題」に思われる要求のなかに親の願いを聞き取る機会を失っているのではないかと自省してみる必要があるだろう。

　また，小学校はともかく，中学・高校あたりになると，保護者が学校に来るのは何かトラブルがあったときがほとんどである。親も教師も緊張した関係のなかでの話であり，そこで打ち解けることは難しい。それゆえ，早くから保護者との日常的なかかわりをつくっていくことが大切である。筆者が主任を務めた学年では，8クラスの全担任が1学期中にすべての家庭を訪問することを行った。学区が広い高校では簡単なことではないが，学年教師集団として実施す

ることを決めた。この家庭訪問は教師と保護者の関係づくりに役立った。

「開かれた学校づくり全国交流集会」という集いが、毎年、開催されている。2005年に大阪市で開催された集会の全体会では、「崖っぷちからの立て直し」というテーマでのシンポジウムが行われた。そこでは、大阪府下の3つの学校（小学校2，中学校1）からの報告が行われたが、小学校2校はいずれも学級崩壊を体験した教師と保護者の共同発表であった。すさまじい子どもの状態と保護者同士の対立，保護者から教師への攻撃のなかで、少数の保護者が立ち上がり教師や多くの保護者との協力関係を発展させていった報告であった。そこには、あれこれの学校商品の消費者としての保護者ではなく、学校をつくる主体者としての保護者と、競争によりバラバラにされるのではなく、苦しいなかで力を合わせてきた教師たちの充実した顔があった。

2　教師の同僚性

教師の同僚性は、大阪教育文化センター教師の多忙化調査研究会編『教師の多忙化とバーンアウト』[15]研究を契機として注目され始めた。この研究は小・中・高の教員3000名を対象として行われ、2175名(73%)の回答のうち57%の教師がバーンアウトかその予備軍であるという深刻な実態を発表した。同研究会は「職場に自由と優しさを」、そして「同僚性の構築」を提唱した。山田哲也・久冨善之によるその後の研究では、1990年代の調査に比して近年の調査ではバーンアウト比率が低下しており、しかも「困難な学校（地域）」が必ずしもバーンアウト率の高い学校（地域）ではないと分析している[16]。その要因として、「困難に直面してもにわかには自分を・他者を追い詰めない「寛容さ」が出てきたのではないか」と、新しい教員文化の形成を推測している。

同じ状況のもとでも、学年主任や学年教師集団が日ごろから愚痴をこぼし悩みを伝え合うことができるか否か、個人の奮闘を核としながら互いに弱点をカバーし合う協力協働態勢のある職場か否かで、負担感・疲弊感は大きく異なる。とりわけ、学年運営のリーダーである学年主任の教育的見識や人柄は大きな要素である。また、教務主任（教務部長）・生徒指導主事（生徒指導部長）のそれも

重要である。これらのリーダーに恵まれなかった場合，学級担任は極限まで追い詰められることがある。同僚性を学校全体に行き渡らせるのは，校長・教頭など管理職の重要な仕事である。それはまた，教職員組合の分会の役割でもある。「困っている教師」や「悩んでいる教師」をほったらかしにしない気風を管理職も教職員組合もともにつくり上げていく努力が求められている。

　今日では，「各学校においては，魅力ある職場づくりを進めるため，教員同士が学び合い，高め合っていくという同僚性や学校文化を形成することが必要である」というように，中央教育審議会答申「今後の教員養成・免許制度の在り方について」(2006年7月11日)でも「同僚性」が説かれている。その「同僚性」とは，前述の教師の多忙化調査研究会が提唱する同僚性や山田・久冨が推測する新しい教員文化と通底するそれなのか，あるいは「学び合い，高め合っていく」という名のもとに，教師を競い合わせ，その「成果」を評価し，より「精神的，肉体的な負担を感じる度合い」を増幅させていくそれなのか，慎重に吟味する必要がある。　　　　　　　　　　　　　　【久保　富三夫】

注

(1) 三沢豊「生徒を義勇軍に送り出した私」長野県歴史教育者協議会編『満蒙開拓青少年義勇軍と信濃教育会』大月書店，2000年，110-111頁。以下，本稿における三沢氏の述懐はすべて「生徒を義勇軍に送り出した私」による。
(2) 苅谷剛彦グループ(教育改革研究会)「小中学校教員の勤務実態と意識」『総合教育技術』2004年6月号，小学館，57-59頁。
(3) 稲垣忠彦・佐藤学『授業研究入門』岩波書店，1996年，1頁。
(4) 佐藤学『教育改革をデザインする』岩波書店，1999年，99頁。
(5) 藤岡完治「授業をデザインする」浅田匡・生田孝至・藤岡完治編著『成長する教師』金子書房，1998年，11-12頁。
(6) 佐藤学，前掲書，111頁。
(7) 同上書，100-101頁。
(8) 久保齋『一斉授業の復権』子どもの未来社，2005年，49-50頁。
(9) 藤田昌士「生徒指導」平原春好・寺﨑昌男ら編『新版　教育小事典　第2版』学陽書房，2002年，196頁。
(10) ただし，2008年3月改訂の中学校学習指導要領及び2009年3月改訂の高等学校学

習指導要領の「総則」においては，「部活動については……学校教育の一環として，教育課程との関連が図られるよう留意すること」と記述し，部活動を「学校教育の一環」と位置づけている。
(11) 河内徳子「教師の役割と地位に関するユネスコ勧告」教育科学研究会編『教育』No.612，国土社，1997 年 4 月，107 頁。以下，本稿における「勧告」からの引用は，すべて同上論文（102-117 頁）による。
(12) たとえば，中央教育審議会答申「特別支援教育を推進するための制度のあり方について」2005 年 12 月 8 日，および初等中等教育局長通知「特別支援教育の推進について」2007 年 4 月 1 日。
(13) たとえば，久冨善之・佐藤博編『新採教師はなぜ追いつめられたのか』（高文研，2010 年）や朝日新聞教育チーム『いま，先生は』（岩波書店，2011 年）などを参照されたい。また，若い教師たちが苦難を克服していく姿を自ら記述した書籍として，佐藤隆・山﨑隆夫と 25 人の若い教師たち編『教師のしごと』（旬報社，2012 年）がある。
(14) 小野田正利「学校とイチャモン（無理難題要求）」『教育』No.729，2006 年 10 月，79 頁。『親はモンスターじゃない』（学事出版，2008 年）4 頁にも同旨の記述がある。
(15) 大阪教育文化センター教師の多忙化調査研究会編『教師の多忙化とバーンアウト——子ども・親との新しい関係づくりをめざして——』法政出版，1996 年。
(16) 山田哲也・久冨善之「「指導力」の学校状況的基盤」『教育』No.670，2001 年 11 月，14-22 頁。

考えてみよう
1. 「国民全体に対して直接に責任を負う」とは，具体的にはどのような場合にどのように行動することであろうか。
2. 子育てや家族生活と教師の仕事を両立させるためにはどうすればよいのだろうか。
3. 「学習観の転換」論と「新学力観」について，あなたはどのような見解をもつか。
4. 部活動の顧問として，あなたはどのようなことに留意して指導助言を行うか。
5. 親・保護者との協力関係を築くために，あなたは学級担任としてどのような取組みを行うか。

参考文献
佐藤学『教育改革をデザインする』岩波書店，1999 年
久保齋『一斉授業の復権』子どもの未来社，2005 年
中野光『日本の教師と子ども』（中野光教育研究著作選集　第 2 巻）EXP，2000 年
金沢嘉市『ある小学校長の回想』岩波書店，1967 年
おにつかるみ『さとこ先生のホームルーム』新日本出版社，2005 年
おにつかるみ『空のにおい』新日本出版社，2006 年

第7章 学校教師の勤務と職能成長(1)
――組織のなかの教師

1 教員の服務と規律

1 服務の根本基準――全体の奉仕者としての教員

　公立学校の教員は，その勤務する学校を設置する地方公共団体の職員であり，地方公務員としての身分を有する。公務員には，日本国憲法や地方公務員法において，その服務に関する根本基準が定められている。すなわち，憲法第15条では「すべて公務員は，全体の奉仕者であって，一部の奉仕者ではない。」と規定し，また地方公務員法第30条は，これを受けて，「すべて職員は，全体の奉仕者として公共の利益のために勤務し，且つ，職務の遂行に当たっては，全力を挙げてこれに専念しなければならない。」と，公務員の「全体の奉仕者」としての性格を規定している。

　公務員である公立学校の教員についても，「全体の奉仕者」として公共の利益のために勤務すべき公務員として，一般の雇用関係とは異なる規律に服すること（服務義務）が求められている。とくに，教育公務員である教員の場合は「教育を通じて国民全体に奉仕する」（教育公務員特例法第1条）ことを職務としており，専門職としての位置づけと不断の資質・能力の向上，児童生徒との人格的触れ合いを通じて指導する立場として，倫理性や中立性が強く求められることから，一般の公務員以上に厳正な服務規律が要請されているといえる。

　服務とは，公務員という地位に基づき，職務上あるいは職務外において公務員に課せられている規律に服する義務のことをいう。どんな組織でも，その組織の業務に従事する職員には一定の規律や義務が求められるが，公務員については「全体の奉仕者」という観点から一般市民よりも厳しい倫理規範が求めら

れ，その内容については地方公務員法を中心に法律上明記されている。公務員として単に個人的な倫理観だけに任せておくのではなく，国民，住民に奉仕する公務員制度の安定性や信頼性を確保する必要があるからである。

2　教員の服務義務──職務上の義務と身分上の義務

公立学校の教員の服務義務は，職員が職務を遂行するに当たって守るべき義務（職務上の義務）と，職務の遂行の有無にかかわらず，公務員としての身分を有する限り当然に守るべき義務（身分上の義務）とに分けられる。これを整理して表示したものが，図7.1である。公立学校の教員は地方公務員であることから，地方公務員法上の服務義務規定を適用されるが，教育公務員という特殊性から教育公務員特例法に基づく特例適用がある。「政治的行為の制限」（教特法第18条）と「営利企業等の従事制限」（同法第17条）がそれである。

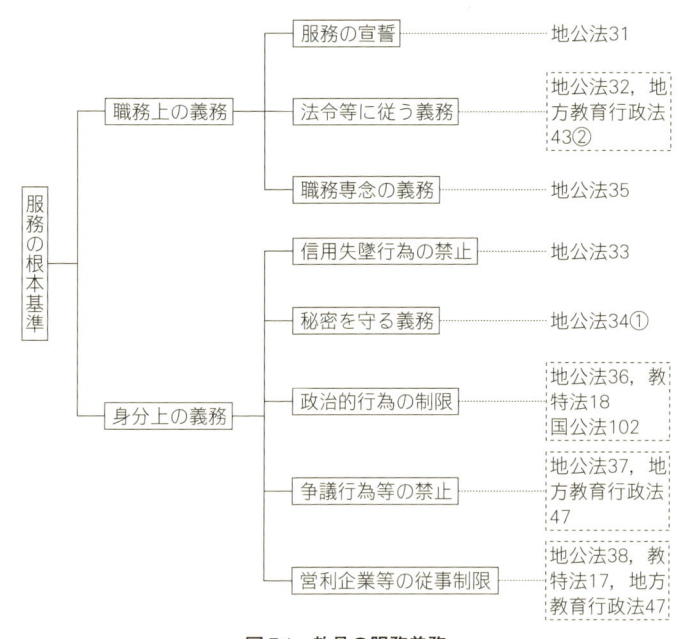

```
                    ┌─ 服務の宣誓 ──────── 地公法31
          ┌ 職務上の義務 ┼─ 法令等に従う義務 ── 地公法32, 地方教育行政法43②
          │         └─ 職務専念の義務 ──── 地公法35
服務の根本基準┤
          │         ┌─ 信用失墜行為の禁止 ── 地公法33
          │         ├─ 秘密を守る義務 ───── 地公法34①
          └ 身分上の義務 ┼─ 政治的行為の制限 ── 地公法36, 教特法18 国公法102
                    ├─ 争議行為等の禁止 ── 地公法37, 地方教育行政法47
                    └─ 営利企業等の従事制限 ─ 地公法38, 教特法17, 地方教育行政法47
```

図7.1　教員の服務義務

2 教員の分限と懲戒

1 教員の身分保障

　公立学校の教員は，その服務義務として，全体の奉仕者として全力をあげてその職責の遂行に努めなければならないとされているが，そのための制度的保障が必要となる。すなわち，意に反する不利益な処分が簡単に行われるようなことがあっては，安心して職務の遂行には当たれない。そういうことがないように，公務員である教員に対しては身分保障のための法的な規定が，地方公務員法で定められている。

　まず，公務員の分限及び懲戒については，公正でなければならないという「公正の原則」を定めている（地公法第27条1項）。また，公務員は，法律または条例に定める事由による場合でなければ，その意に反して，降任，休職，免職または懲戒処分を受けることはないとされている（同条2,3項）。ただし，欠格条項に該当する場合は失職する（同法第16条，28条4項）。その他，公務員の身分保障については，次のような規定がある。公務員の任用は，縁故や情実によることなく，受験成績，勤務成績その他の能力の実証に基づいて行われるべきだということ（同法第15条），人種，信条，性別，社会的身分または門地によって，あるいは政治的意見，政治的所属関係によって差別されてはならないという「平等の取扱いの原則」が定められている（同法第13条）。また，職員団体の構成員であること，職員団体を結成しようとしたこと，または加入しようとしたことをもって不利益な取扱いを受けることがないように規定している（同法第56条）。

　これら身分保障の規定を実効あるものとするために，懲戒その他の意に反すると認める不利益処分に対しては，人事委員会（公平委員会）に不服申立てを行うことができるという規定（同法第49条の2）が設けられている。

2 分限処分と懲戒処分

　公務員は，法律上一定の身分を有し，その身分を保有するについて法律上の権益（身分保障）をもっている。しかし，一定の事由がある場合には，本人の意

に反して不利益な身分上の変動を行うことが認められている。すなわち、職員の身分を保障し、行政の安定した運営を図る一方、一定の事由がある場合には、公務運営の能率を確保する観点から不利益な身分上の変動をもたらす処分を一方的に行うことが任命権者(県費負担教職員については、都道府県教育委員会)に認められている。これが分限処分であり、免職、降任、休職、降給の4種類がある。ただ、任命権者が職権を乱用し、恣意的に教員の意に反して免職、降任、休職処分を行いうるとしたら、教員は安心してその職務の遂行に専念することができなくなることから、このような処分を行うことができる事由を限定的に法律に明記している。

まず、免職または降任することができる場合は、①勤務実績がよくない場合、②心身の故障のため、職務の遂行に支障があり、またはこれに堪えない場合、③①または②の場合のほか、その職に必要な適格性を欠く場合、④職制もしくは定数の改廃または予算の減少により廃職または過員を生じた場合(地公法第第28条1項)、である。また、休職にすることができる場合は、①心身の故障のため、長期に休養を要する場合、②刑事事件に関し起訴された場合、③条例で定めた事由に該当した場合(同法第28条2項、第27条2項)、である。

それに対して、懲戒処分は教員の服務義務違反があった場合に、その道義的責任を追求し、公務員関係の規律と秩序を維持することを目的として、任命権者が行う処分である。分限処分が公務能率の維持の観点から本人の責任の有無を問題としないのに対し、懲戒処分は本人の非違行為の責任を問うための処分であるという点で異なるといえる。また、この懲戒処分は、部内の規律と秩序を維持することを目的とする点で、広く一般市民社会の秩序維持の観点からなされる制裁である刑事罰とは異なっている。たとえば、飲酒運転で交通事故を起こしたような場合に、一般市民として罰金などの刑事罰が科せられるとともに、公務員として懲戒処分を受けることになる。

懲戒処分の種類は、免職、停職、減給、戒告の4種類である(同法第29条1項)。また、懲戒の対象となる事項は、①地方公務員法もしくは同法第57条に規定する特例を定めた法律(この法律としては、教育公務員特例法、県費負担教職

員について適用する場合は、さらに地方教育行政の組織及び運営に関する法律を加える）またはこれらに基づく条例、規則、規程に違反した場合、②職務上の義務に違反し、または職務を怠った場合、③全体の奉仕者たるにふさわしくない非行があった場合、の3つである（同法第29条1項）。

　任命権者は、教員の具体的な非違行為がこれらの懲戒の事由に該当するかどうかの判断を具体的な事実に基づいて慎重に行い、処分を行う場合にはその裁量により決定することができるとされている。当然、懲戒については公正でなければならないことはいうまでもない（地公法第27条1項）。なお、服務規律の及ぶ範囲には、公務員たる身分を持つ限り職務上も職務外でもすべて含まれることから、勤務時間外の行為であっても処分の対象となりうる点に留意する必要がある。

3　指導力不足教員の人事管理

　教育改革国民会議報告「教育を変える17の提案」（2000年12月22日）を受けて、地方教育行政の組織及び運営に関する法律（以下、地方教育行政法）が改正（2001年7月1日）され、都道府県教育委員会は児童・生徒に対する指導が不適切等の要件に該当する県費負担教職員（指導力不足教員）を免職し、引き続き当該都道府県の教員以外の職に採用すること（転職措置）が、2002（平成14）年1月11日から施行されることになった。具体的には、都道府県教育委員会は、市町村の県費負担教職員で、①児童又は生徒に対する指導が不適切であること、②研修等必要な措置が講じられてもなお児童又は生徒に対する指導を適切に行うことができないと認められること、の2つの要件に該当する者（分限免職及び分限休職に該当する者を除く）を免職したうえで、引き続き当該都道府県の教員以外の職に採用することができるという制度である（地方教育行政法第47条の2第1項）。

　このうち、①の「児童又は生徒に対する指導が不適切である」に該当する場合の例としては、(ア)教科に関する専門的知識、技術等が不足しているため、学習指導を適切に行うことができない場合（教える内容に誤りが多かったり、児童

生徒の質問に正確に答え得ることができない等），(イ)指導方法が不適切であるため，学習指導を適切に行うことができない場合（ほとんど授業内容を板書するだけで，児童生徒の質問を受け付けない等），(ウ)児童生徒の心を理解する能力や意欲に欠け，学級経営や生徒指導を適切に行うことができない場合（児童生徒の意見を全く聞かず，対話もしないなど，児童生徒とのコミュニケーションをとろうとしない等）があげられている（文部科学事務次官通知「地方教育行政の組織及び運営に関する法律の一部を改正する法律の施行について」平成13年8月29日13文科初第571号）。

また，2007（平成19）年に教育公務員特例法が改正され，指導が不適切であると認定した教員に対して，その能力や適性等に応じて，指導の改善を図るために必要な事項に関する研修（「指導改善研修」，1年程度）を実施することにし，その結果により免職その他の必要な措置を講ずることができることとなった。

学校教育の成否は，学校教育の直接の担い手である教員の資質能力によるところが大きく，児童生徒との適切な関係が築くことができない等指導力が不足している教員の存在は，児童生徒に大きな影響を与えるのみならず，保護者等からの公立学校への信頼を大きく損なう問題であり，必要に応じてこうした転職措置や分限処分を的確に運用することも重要なことだといえる。しかし，それ以上に重要なことは，すべての教員が指導力不足に陥らないようにする体制づくりを進めることでもある。教員採用制度の見直しや新採用段階から校内・校外での継続的な指導や研修よって，絶えず職能成長が続けられる体制づくりを推進することが重要な課題だといえる。

3 教員の研修

1 教員研修の意義と特質

いかなる職業においても，その職務の遂行に必要な知識，技能，態度等を修得し，その維持・向上をはかることは，本人にとっても，また雇用者である企業・組織にとっても必要不可欠な行為である。研修とは，そうした職務に必要な資質や能力を修得し，その向上をはかるために主として入職後に行われる教育訓練の総称をさす言葉であり，入職以前の特定の準備教育 (pre-service education) と区別して，現職教育／研修 (in-service education and training) とも呼ばれる。研修は，内容的には「研究」と「修養」を意味し，職員が職務遂行に必要な知識，技能を修得するとともに，思考，判断その他の人格的要素を研鑽することにより，職務遂行に求められる知的・技術的側面での能力の修得・向上のみならず，人間的・人格的側面での成長や向上を求めるものである。

そのため，研修は，企業・組織が計画・実施するだけでなく，本人自身による主体的で自主的な取組み（＝自己研修）に大きな期待がかけられている。

こうした研修活動は，とくに，専門的で高度な知識と技術を必要とし，職務に対する判断や決定がより多く任される職業であればあるほど，その期待や意義は大きい。いわゆる専門職といわれる職業である。教職についても，1966年のILO・ユネスコ「教員の地位に関する勧告」において，「教育の仕事は専門職とみなされるべきである。この職業は厳しい，継続的な研究を経て獲得され，維持される専門的知識および特別な技術を教員に要求する公共的業務の一種である。また，責任をもたされた生徒の教育および福祉に対して，個人的および共同の責任感を要求するものである」（第6項）と明記されて以降，専門職としての道を追求されてきており，不断の研修が専門職としての教職の地位の獲得・向上の観点から，不可欠な要素として位置づけられている。

このように，専門職としての教職という観点から，教員にとっての研修の意義やその重要性が指摘されるが，さらに，教員の場合は研修は職務の一部であり，それなくしては教職自体が成立しないといわれるほど，教員の職責遂行上，必要不可欠な活動としてとらえられている。教員の研修は，いうまでもなく，子ども一人ひとりの期待されるべき成長と発達をより効果的に促進することを究極の目的としている。子どもの成長，発達を援助する立場にある者が，その学習にかかわる諸条件を整え，学習の内容や方法などに関する知識や技術を向上し，より効果的な子どもの変容をめざすということは，教職という職務に付随した当然の行為だからである。

教員の職務は，いうまでもなく子どもの教育指導にあるが，教えるためには自らが学んでおかなくてはならない。しかも，教えた結果，子どもが向上する

なら，子どもはさらに学ぼうとする。それに応えるためには教員はさらに学ばなくてはならない。学ぶことに終わりがないとすれば，教えるために学ぶことにも終わりはない。教育はこのように相手の高まりに対応して自らも高まらなくてはならないという循環的に発展する活動であることから，教育活動の前提として，その指導を担う教員自身の研究という取組みが絶えず要求されるわけである。

2 教員研修の法と制度

こうした教員の職務特性や職責という観点から，その研修制度については，法による特別な規定が設けられている。まず，2006年12月に成立した改正教育基本法第9条では，次のような規定がなされており，教員の担う職責という観点から「研究と修養」に努めることを求めるとともに，「研修」の充実をはかるべきことが定められている。

> 第9条（教員） 法律に定める学校の教員は，自己の崇高な使命を深く自覚し，絶えず研究と修養に励み，その職責の遂行に努めなければならない。
> 2 前項の教員については，その使命と職責の重要性にかんがみ，その身分は尊重され，待遇の適正が期せられるとともに，養成と研修の充実が図られなければならない。

また，教育公務員特例法では，「研修」に関して一般職の他の公務員に対する特例規定を設けている。まず，第21条では「教育公務員は，その職責を遂行するために，絶えず研究と修養に努めなければならない。」（第1項）と規定し，研修が教育公務員に課せられた職責遂行に向けての努力義務として位置づけられている。このことは，「職員には，その勤務能率の発揮及び増進のために，研修を受ける機会が与えられなければならない。」（地方公務員法第39条1項）とする他の公務員の研修目的との違いとして明確である。また，そのことに関連して，教育公務員の研修については「教育公務員の任命権者は，教育公務員の研修について，それに要する施設，研修を奨励するための方途その他研修に関する計画を樹立し，その実施に努めなければならない。」（第21条第2項）と，

任命権者の研修に対する条件整備義務を規定している。

　さらに，教育公務員特例法では「教育公務員には，研修を受ける機会が与えられなければならない。」(第22条1項)との規定のもとで，研修の機会の特例について明らかにしている。すなわち，ひとつは「教員は授業に支障のない限り，本属長の承認を受けて，勤務場所を離れて行うことができる。」(同条2項)という特例であり，もうひとつは「教育公務員は任命権者の定めるところにより，現職のままで，長期にわたる研修を受けることができる。」(同条3項)という特例である。これらの2つの特例は，法律上では他の公務員にはみられないものであり，教育公務員の研修の機会の拡大に大いに寄与している。

　このように教員の場合，自らが自主的，自律的に研修活動を展開し，その職責の遂行に必要な諸能力を向上させていくことを基本としながら，同時にそうした教員の自主的・自律的な研修活動を促進し援助する条件整備や，組織的，計画的な教育としての関係諸機関による研修の実施等が法令上も規定されているのである。

　こうした教員研修の基本的考え方は，中央教育審議会答申「今後の教員養成・免許制度の在り方について」(2006年7月11日)でも，「今後は，各教育委員会が実施する研修や校内研修に加えて，教員の自主性・主体性を重視した自己研修が一層重要である。各学校や各教育委員会においては，大学や，民間も含めた教育研究団体等における教員の研修を奨励・支援するとともに，教員の自己研修への取組を適切に評価し，処遇に反映していくことが必要である」と指摘している点にも見られる。教員としても，自らのキャリア設計に応じて，多様な研修を主体的に活用し，その職能成長をはかっていくことが期待されているといえよう。

4 教員評価の現状と課題

1　新しい教員評価制度

　地方公務員法第15条は，「職員の任用は，……受験成績，勤務成績その他の能力の実証に基づいて行われなければならない。」として，成績主義を人事管

理の基本原則とすることを定めている。人事管理が能力に基づいて公平に行われることによって，職責に見合った有能な職員を配置し，その能力を最大限に発揮させ，行政の能率的な運営を確保することが可能となる。人事管理を常に適切かつ公正に行うためには，客観的事実に基づく科学的な方法により職員の勤務成績を的確に把握することが必要となる。勤務評定は，そのための一つの手段として行われるものである。地方公務員の勤務評定については，地方公務員法第40条の規定により，任命権者は職員の執務について定期的に勤務成績の評定を行い，その評定に応じた措置を講じなければならないとされており，とくに，県費負担教職員については，都道府県教育委員会の計画の下に，市町村教育委員会が行うものとされている（地方教育行政法第46条）。

教員の勤務成績の評定（勤務評定）については，導入された昭和30年代以降強い反対運動があったことなどから，勤務評定の結果を人事に反映させない慣行が一般化し，勤務評定は形骸化しているところも少なくなかった。このため，教員の給与は勤務年数だけを基準としたものとなり，意欲ある教員が努力しても報われないといった問題が指摘されてきた。また，近年の学校教育をとりまく環境の変化や教育問題への適切な対応には，教員のいっそうの職務遂行意欲と能力の向上とともに，組織としての学校がその信頼に応えられるよう，経営責任を果たせる仕組みを構築しなければならないという問題の存在も新たな教員評価制度の構築を促した背景にある（たとえば，教育改革国民会議報告「教育を変える17の提案」2000年12月22日など）。

こうした状況の下，教員評価の重要性があらためて高まり，これまでの勤務評定とは異なる新しい教員評価が「教育職員の能力開発型人事考課制度」（東京都），「教職員の評価・育成システム」（大阪府），「教職員評価・育成制度」（鳥取県）などとして導入されている。そこでは，教員の能力・業績，意欲・態度を適正に評価することによって，優れた教育者としての人材育成や教員一人ひとりの職能成長・開発をはかることをその第一の目的とするとともに，評価結果を人事異動，給与などの人事管理に活用することをその特色としている。

こうした職能開発，人材育成，能力開発としての教員評価制度を動かす方法

として導入されているのが,「自己申告に基づく目標管理」というものである。教員各自は,それぞれの学校の組織目標に照らして自己の活動の目標を,校長等との面談を行って設定する。そして,一定期間後その遂行状況や達成度を自己点検・評価し,校長等に申告する。この過程で行われる自己省察や校長等の指導・助言を通して,教員は自己の職務活動とそれに必要な能力・力量のあり方を自ずと考える。そうした機会は,教員の職能向上への意欲を喚起し,自己啓発を促す。校長等にとっては,教員の自己申告への関与は,所属教員の職能成長をはかる研修支援や校内研修づくり,適所への配置による職能成長をはかるための資料を得る機会になると同時に,組織としての学校の目標達成に向けたリーダーシップを発揮することにもなるという考え方に基づいている。

2 教員評価の課題

たしかに,「学校教育の成否は何よりも教員の在り方にかかっている。教員がその資質能力を向上させながら,それを最大限発揮するためには,教員一人一人の能力や実績等が適正に評価され,それが配置や処遇,研修等に適切に結び付けられることが必要である」(中央教育審議会答申「今後の教員免許制度の在り方について」2002年2月21日)といえる。また,いかなる組織においても,その目標の達成度を確認し,内外のさまざまな情報を集めて組織の現状と成果を継続的に診断することが必要不可欠の経営行為として存在する。当然,学校という組織においても評価という経営行為は不可欠のものであり,学校教育目標の達成に向けた教育の質を改善するものとして重要な課題となる。

その際,学校は教育専門機関であり,組織としての教育力と個々の教員の個人的意欲・力量の双方が同程度に重要である点に留意しなければならない。たとえば,教員が担うもっとも重要な職務である授業は,教員個人の独自の見解・力量と思考・判断にほとんどすべてが委ねられているという組織特性を有しているとともに,教職員間の協働性が組織の教育力の向上に不可欠の行為として影響している。教員評価においては,こうした学校の組織特性や教員が担う職務の特性(専門性)という点に留意しなければならない。それは,個々の教員の

専門的力量向上と同僚的協力関係による学校全体の改善を結びつける教員の職能成長を支援する教員評価のあり方という問題である。

こうした点をふまえれば，教員評価のあり方として，個々の教員の業績を校長等から一方的に評価され処遇に活用されるという性格のものではなく，一人ひとりの成長に向けた自己開発（キャリア開発）を志向した自己評価を中核に，同僚評価や上司との共同評価等の形態を組み合わせたものが重要になるといえる。キャリア開発という視点での評価の意義については，2003（平成15）年度から導入された「10年経験者研修」にも現れている。この研修は，2002（平成14）年の教育公務員特例法の改正により，新たに設けられたものであるが，その最大の特徴は個々の教員の能力，適性等に関する評価に基づく個に応じた研修という点にある。教員一人ひとりを学習指導，生徒指導，学級経営などの観点から評価し，その結果に基づいてそれぞれの教員にふさわしい研修を計画的に実施しようとするものである。ここには，教員のキャリア発達，キャリア形成という視点が盛り込まれており，これからの教員研修のひとつのあり方を示しているといえる。教員としても，自らの取組みを自己評価しながら，どのような教員をめざしていくのか，その見通しをもちながら自己成長に向けての主体的な取組みをしていくことが求められているといえる。

5 教員の勤務実態——多忙状況の解消に向けて

地方公務員の勤務時間については労働基準法が適用されるため，1週間につき40時間，1日につき8時間となっている（労基法第32条，第40条1項）。一方，地方公務員の勤務時間は，地方公務員法第24条6項によって，その所属する地方公共団体の条例で定めることとされている（ただし，県費負担教職員については都道府県の条例で定めることが地方教育行政法第42条で規定されている）。現在，公立学校の教職員の勤務時間は，労働基準法に抵触しない範囲内で定められている各都道府県の条例の定めるところにより1週間について38時間45分，1日について7時間45分とされている。

しかし，教員の勤務実態をみると生徒指導や授業の準備等で勤務時間を超え

て勤務しているのが事実である。たとえば，大阪教育文化センターが実施した調査（1994年）では，過去1カ月間に勤務時間を越えた仕事は，授業の準備・教材研究（74.2％），テスト問題の採点・作成（68.0％），職員会議以外の会議・打ち合わせ（63.6％），学校行事の準備（61.3％）などとなっている。増加した仕事は，校務分掌，打ち合わせの時間，授業内容・生活指導の時間，持ち帰り仕事，校外研修であり，減ったのは子どもと遊ぶ時間，職場の親睦，学業不振児童生徒の指導，集金事務であったという結果が報告されている。こうした教員の多忙化が，バーンアウト（燃え尽き症候群）を引き起こしていると指摘している[1]。

また，岡東壽隆らが行った教員の勤務構造とメンタルヘルスに関する調査（1993年）では，時間的な要因（授業担当時間，超過勤務時間等）とストレスとの間には有為な連関は見いだせないが，仕事の性格から「多忙感」を構成する要因となっていると指摘している。個々の仕事それ自体は負担でなくても，教員の場合はその仕事の内容が対人的で，人は常に変わり内容も頻繁に変わるという職務の性格が，一つひとつの仕事負担は軽度でも多忙感を増す原因となっているというものである。また，学級の問題も1クラスあたりの児童生徒数という量的な面よりも，学級に存在する問題という質的な面に，多忙感をもたらす要因があることを明らかにしている[2]。

さらに，堀内孜らが行った学校組織と教職員勤務の実態調査（1998年）によれば，勤務時間内は処理できない仕事量の多さや慢性的な疲労感が存在している実態が明らかにされている。また，ここ10数年間，教員の授業時数にはほとんど変化がみられないことも明らかにされており，こうした状態で学校が新たな役割や課題の遂行を期待することは酷だとも指摘している[3]。

学級崩壊や子どもの新しい「荒れ」といった現象のなかで，またそれにともなう地域やマスコミへの対応などに追われて，学校・教員に暗い影を落としている現在，こうした問題にどのように対応し，改善をはかっていくかは，単に教員個々人の問題というより，一方では少子化にともなう教員数の減少による1人あたりの校務負担量の増加という問題であるし，他方で優れて学校経営上の問題だといえる。学校としての職務量の見直し，協働体制の構築，教育課程

のスリム化，保護者や関係機関との連携協力，そして行政機関の支援など，抜本的な改善が求められるのも事実だといえよう。　　　　　　　【北神　正行】

注
（1）　大阪教育文化センター教師の多忙化調査研究会編『教師の多忙化とバーンアウト——子ども・親との新しい関係づくりをめざして——』法政出版，1996年。
（2）　岡東壽隆・鈴木邦治『教師の勤務構造とメンタルヘルス』多賀出版，1997年。
（3）　堀内孜編著『学校組織・教職員勤務の実態と改革課題』多賀出版，2001年。

考えてみよう
1．教員に求められる「全体の奉仕者性」の意味と意義について考えてみよう。
2．教員研修の特質は，どのような点に求められるか考えてみよう。
3．教員の「多忙状況」を解決する方法について考えてみよう。

参考文献
今津孝次郎『変動社会の教師教育』名古屋大学出版会，1996年
浅田匡・生田孝至・藤岡完治編著『成長する教師—教師学への誘い—』金子書房，1998年
油布佐和子編『教師の現在・教職の未来（シリーズ子どもと教育の社会学5）』教育出版，1999年
日本教師教育学会編『講座教師教育学』(全3巻)学文社，2002年

第8章 学校教師の勤務と職能成長(2)
——集団のなかの教師

1 学校教師の歩みと教職アイデンティティ

　時々思うことがある。もし，教師になっていたら，いま私は何をしているだろうかと。50になる教師の私は，学年主任として教師集団のリーダーとしての役割を期待されているのではないか，あるいは研修主任として新しい教育課題と格闘しているのではないか。

　もっとも現場で日々教育と格闘している先生方からは，私の勝手な夢想は，現実はそんなに甘くないとお叱りを受けるかもしれない。「教師を辞めて，別の仕事をしているさ」，そんな声も聞こえてきそうだ。

　私の教師としての適性はさておき，教師であり続けたならば，40代の半ばになれば主任という名のつくポジションが与えられ，相応の責任を果たすことが求められているであろうことは，一般的な想像として許されるだろう。何歳で研修主任になり，学年主任になり，担任をはずれ，教頭試験を受け，管理職になるといったライフコースを，一般的な教師の歩みとして措定できるからである。

　けれどもその一方で，「教師を辞めて，別の仕事をしている」のも，いまの教師の現実の一端を明確に物語っている。現在は，教師であり続けることそのものが困難な時代だ。そして，仮に教師であり続けたとしても，私が夢想したようなライフコースを歩めるかどうか，それさえも不確定になっているのである。

1　教育の揺らぎ──新しい教育と教師役割の膨張

　なぜ，いま，教師が教師であり続けることが難しいのか。それは教師への期待が複雑なものになっていることに第1の原因を求めることができるだろう。

　学習指導要領が1998（平成10）年に改訂されてから今日（2008年度）までに，教師をとりまく環境はさまざまな面でさらに大きく変化し続けている。その一部をあげるだけでも，中高一貫校・中等教育学校の設置，小中一貫校・一貫教育の推進，学校選択制の導入，教育特区の導入，コミュニティ・スクールの推進，学校支援地域本部の設置，スクールカウンセラーの導入，学校評価の実施，教員評価の実施，校長の裁量権の拡大，民間人校長の任用，学力低下とゆとり教育の見直し論争，教育基本法の改正，特別支援教育の推進，小学校での英語教育の開始など多岐にわたっている。わずか10年の間に起こっているとはとても考えられないほどの数である。

　もちろん，学校を改善し，教育を変えるためには，多くの改革が必要である。したがって，その量の多さや速度の速さを過剰にすぎるとして批判することは，外部から見れば甘えたことを言っているように思われるにちがいない。本節の目的は，現在の改革動向を品評することではないので，その是非を問うことには立ち入らないが，そうした学校教育の動きが，教師にどのような結果を生んでいるのかについては，議論しておく必要があるだろう。

　端的に言ってしまえば，教育改革の難しさは，新しい教育のアイディアの登場によって，従来の教育（あるいは過去の教育）が刷新されるわけではないことにある。現行の教育は，社会がまぎれもなく必要とした教育であり，新しい課題が生じたからといって，その必要性がまったく消失するわけではないからである。したがって，新しい教育施策が採用されることは，従来の教育にそれが付加されることを意味する。つまり，この10年ほどに導入・採用された多くの教育施策は，新しい教育課題に対応することと施策に具体的に取り組むことを，純粋にもうひとつの新しい仕事として教師に課すことになったのである。

　酒井朗[1]らが指摘しているように，わが国の教師は「指導の文化」をもっており，あらゆる仕事を教育の一環をなすものとして主体的に請け負おうとす

る傾向がある。したがって、実践にかかわってくるあらゆる仕事を他人の手にゆだねることができず、そのすべてを請け負えるのが完璧な教師であり、それができないならばそれは自分が教師としてまだ未完成だからであるという徹底した引き受け手になってしまう。

　近年、教師の精神疾患の急増が問題となっているが、文部科学省の調査によると、2003（平成15）年度に精神疾患が原因で長期欠席をした教員は、全国の公立学校で4178人に上るという。この数字は10年前のおよそ3倍である。教育社会学では、こうした教師の精神疾患やストレスを、教師のバーンアウト（燃え尽き症候群）としてとらえてきた[2]。バーンアウトとは、「対人サービス業務に従事する専門職に多く見られる独特のストレスや諸症状」[3]であり、職務にともなう「理念や価値の実現に向けられた活動と、それを阻む現実の諸要因との葛藤・矛盾のなかで」生じるとされている[4]。教師の精神疾患の増加は、教師をとりまく環境がバーンアウトをより生じさせやすいものになっていることを示している。油布佐和子は、そうした環境の変化の要点が、実際の仕事の増加よりもむしろ、多忙感を感じさせる質の変化にあると指摘している。これは、教師の実感とも一致している。授業実践以外の雑多な仕事の増加、とりわけ地域との連携や保護者対策が重要度を増している現状は、それらを自分たちの本来の仕事ではないと考えている教師にとって、より負担の大きな仕事となっている[5]。教育の多様化は必然としてこれまでならば教師が本来の仕事としていなかったことを新たな仕事とし、またそれらに付随するもろもろの雑務を教師は自らの仕事に加えなければならなくなる。不断に教育改革が提案され続けるこの10年は、がんばる教師がさらにがんばらなければならない10年だったといってよいだろう。

2　教職の揺らぎ——教育の正当性とキャリアのスタンダードの崩壊

　教育の多様化や複雑化がもたらす変化は仕事の量の問題にとどまらない。その変化のなかで、教師としての生き方が揺らいでいる。

　表8.1は、今期の教育改革のなかで採用された「総合的な学習の時間」「ゆ

表8.1 教育改革のよい効果や影響

		日本社会	学校	教師	子ども	保護者	地域	その他	役立たず
A．総合的な学習の時間	全	16.6	24.4	29.7	73.1	20.5	48.8	2.3	10.1
	小	18.8	27.9	33.1	78.8	24.9	52.6	1.4	7.1
	中	12.2	17.1	22.7	61.5	11.5	40.8	3.9	16.4
B．ゆとり教育	全	8.6	12.0	21.9	41.6	5.9	4.4	3.8	31.9
	小	10.8	12.5	23.8	44.8	6.4	4.3	2.7	30.3
	中	4.3	10.9	18.1	35.2	4.9	4.6	5.9	35.2
C．発展的な学習	全	19.5	11.1	18.6	76.4	16.0	5.9	2.0	5.5
	小	18.3	10.9	17.2	76.6	17.7	6.3	1.4	5.3
	中	22.0	11.5	21.4	76.0	12.5	5.3	3.3	5.9
D．特別支援教育	全	20.3	26.9	37.5	85.1	45.1	12.9	0.2	2.8
	小	21.3	29.2	41.7	85.1	46.2	13.0	0.3	3.2
	中	18.1	22.0	28.9	85.2	42.8	12.8	0.0	2.0
E．校長の権限強化	全	3.3	21.4	9.7	4.3	4.5	5.2	2.8	48.0
	小	3.4	20.5	10.3	4.8	5.0	5.3	2.9	46.9
	中	3.3	23.0	8.6	3.3	3.6	4.9	2.6	50.3
F．学校評価	全	8.4	48.2	38.4	22.5	28.0	21.5	1.4	19.6
	小	8.3	47.7	38.4	23.1	28.4	20.5	1.4	20.9
	中	8.6	49.3	38.5	21.4	27.3	23.4	1.3	17.1
G．開かれた学校づくり	全	16.5	46.3	37.1	39.2	62.2	70.9	0.8	4.1
	小	16.7	48.2	38.5	40.0	60.5	70.9	0.8	4.2
	中	16.1	42.4	34.2	37.5	65.8	70.7	0.7	3.9
H．教員評価	全	8.8	20.2	30.9	16.7	15.2	6.5	2.8	34.3
	小	8.7	19.7	29.4	17.3	15.7	6.6	3.2	33.2
	中	9.2	21.1	33.9	15.5	14.1	6.3	2.0	36.5

（出所：紅林・越智・川村『「総合的な学習の時間」の現状と課題－地方2件を対象とした質問紙調査の結果報告－』）

とり教育」「発展的な学習」「特別支援教育」「校長の権限強化」「学校評価」「開かれた学校づくり」「教員評価」といった施策が，「日本社会」「学校」「教師」「子ども」「保護者」「地域」「その他」のそれぞれに対してよい効果や影響があるかどうかを，現職の教員に回答してもらった結果である[6]。

　すべての教師が等しくよい効果があると考えている施策は，当然のことだがひとつもない。5割を超える教師がよい効果があるとしているものも，子ども

に対する「総合的な学習の時間」「発展的な学習」「特別支援教育」と，保護者と地域に対する「開かれた学校づくり」だけである。ここに示した結果は，教師が，効果について絶対的な信頼を欠いた状態で，さまざまな改革案に取り組んでいることを示している。また，「総合的な学習の時間」と「発展的な学習」は4分の3の教師が子どもによい効果があるとしているが，4分の1の教師はその効果を認めていない。教育の多様化や複雑化は，教育から絶対的な正当性を剥奪する。けっして少なくはない25％もの教師（それも回答を寄せてくれた3割の教師のうちの）が，教育に不信感を抱いたまま，実践を行っているである。

　こうしたことは，見方を変えれば，教師が自ら考え自ら判断する教師になったことの表れともいえる。決められたことをただ忠実に行うだけの教師であったならば，一つひとつの施策や実践の意味を確認する必要もなかったであろう。けれども，主体的，自律的に教育をつくっていこうとする教師にとっては，自分が行っている実践や自分が携わっている施策の意味は，重要なものとなる。おそらくそうした教師にとっては，実践や施策の意味を自分たち自身で確認し，それを意義あるものに高めていくことができれば一番よいにちがいない。だが残念なことに，学校現場の現実は多忙化が進むなかで，教育のあり方や教育の理念といった根本的な問題を時間をかけて教員間で議論し，共有していけるゆとりはなくなっている。もちろん，そこには教師のプライバタイゼーション（私事化）という教師の側の問題もかかわっている。しかし，教育が本来もつ，長期的な視野に立って将来の成果の準備をすることよりも，いまこの場での成果を重視する近視眼的な成果主義が優先され，かつ問題のない状態を持続することが教師の第一の仕事になってしまっている学校で，教師が理想を追求することは構造的に難しい。教育はそもそも成果の見えにくいものだといわれているが，がんばる教師の頑張りに見合う成果がますます得られにくくなっているのである。

　さらに，教師自身の行く先の見えなさも，彼らの生きにくさを助長している。かつてならば，教師の成長はキャリアコースとしてとらえることができたはずである。たとえば，教員研修制度も，かつてのそれは特定の時期に特定の研修を課する悉皆研修という形態のものであり，それは，すべての教師が同じスピ

ードで成長・変化していき，同じライフコースを進み，同じような教師になっていくという，教師の成長に関するスタンダードを前提にしていた。

けれども，現在のそれは，2002（平成14）年に10年経験者研修の実施が制度化されるにあたって，選択研修の拡充が求められたことが端的に示すように，各教員が必要とする研修内容を画一的に規定することができなくなっているのである。これは，教師としての成長のプロセスおよびその到達点が一元化できなくなっていることを示しているといえるだろう。

以前なら，何歳で学年主任になり，担任をはずれ，教頭試験を受け，管理職になるといったライフコースを一般的なモデルとして措定することができた。けれども，現在は個々の教師のライフコースそのものが多様化しており，それを一般化することは難しい。そもそも一般に教師の最終到達点と考えられてきた「校長になること」が，民間人校長や若手専門職校長などの登用によって，もはや教師のゴールといえなくなっている。すなわち，現在教師たちは，スタンダードが失われ，将来像が不透明になったライフコースを生き，他方で不断に提案される新しい教育施策を実行し，噴出する教育問題に対応できる専門的な力を身につけることを強いられているのである。

2 教師の歩みと協働

1 教師の歩みと成長

ここまで，限られたスペースのなかで，今日の教師がおかれている状況や教育環境の変化について延々と述べてきたのは，こうした変化が当然の帰結として教師の成長のプロセスを変え，その捉え方自体を転換することを要請するからである。

わが国の教師の歩みの詳細については，ライフコース研究やライフヒストリー研究の観点に立つ高井良健一，塚田守，山﨑準二，川村光ら[7]の良質な研究がある。それらの研究によれば，教師のライフコースは通常，新任期と中堅期と管理職期に分けられ，それぞれは教師の世界に参入する教職アイデンティティの確立期，自分の教育的なスタンスを確立する時期，学校経営に取り組む

時期として特徴づけられる。つまり，教師のライフコースは，教師の歩みにおける役割上の3つの異なる課題，すなわち教師になること，熟練的な授業者と教師集団のリーダーになること，学校管理職になることの達成のプロセスとしてとらえることができるのである。さらに，3つの時期はそれぞれ，課題に直面する段階とその課題を達成する段階の2つに分けることが可能である。たとえば，教師の中堅期の研究を行っている高井良や川村は，中堅期を揺らぎと確立からなる教師役割の再構造化のプロセスとして記述している。

ここからわかることは，教師の一生は，3度にわたる教師としてのアイデンティティの危機をめぐる揺らぎと達成のあゆみだということである。それでは，教師はどのようにして，これらの3つの危機を乗り越えていくのだろうか。

山﨑は，『教師という仕事・生き方』[8]で若手からベテランまでの20人の教師のライフストーリーを紹介し，彼ら一人ひとりが教師として成長していくプロセスにおいて，どのような社会的な経験を蓄積してきたのかを追っている。そして，「教師は，教師としてのみならず，毎日さまざまな役割を背負いながら，さまざまな時間を生き，その中でさまざまな経験をしている。そして，それらの経験すべてが教師としての基本姿勢，教育観，教育方法・技術などのありように反映・凝集していく」[9]として，教師の成長の過程が多種多様であることを述べ，「子どもとの出会いと交流」「教育研究活動」「教職員集団と学校体制」「地域社会と社会的活動」「子育て経験と保護者との交流」の5つを成長発達の局面としてあげている。これらを体験領域として整理し直せば，「教員組織内のポジション」「生活領域の変化」「特別な教職体験」「ルーティン化された教職体験」の4つに整理できるだろう。

(1) **教員組織内のポジションの変化**

教師の成長にかかわる体験のなかには，校務の分掌や職位と結びついているものが少なくない。教師の仕事は教科指導にかぎらず多岐にわたっているが，校内研修や地域連携などの個々の分掌を専門的に担当することによって，それらの仕事への理解が深まり，教師の仕事を広くとらえることが可能になる。また，分掌のなかには，進路指導や生徒指導などのように教育活動の全体を統合

する位置にあるものがあり，それらを担うことで学校の教育の全体を見渡す視点を獲得することにつながる。さらに，各分掌の主任として，あるいは学年の主任となれば，所属校の教育の取組みにより大きな責任を担うことになり，同僚の実践に関心をもち，相談に乗り，指導に当たるリーダー的な役割が期待されることになる。こうした教員組織内のポジションの移動や変化が，教師が変わる重要な契機となるのである。

(2) 生活領域の変化

また，教師は皆，教師という社会的役割を離れた別の生活領域をもっており，家に帰れば，彼らはひとりの市民として，プライベートな空間をもち，趣味を楽しみ，家庭人として家族との時間を過ごしている。教師としての経験と，一市民としての経験，家庭人としての経験は別個のものであるが，それらは相互に影響しあっている。たとえば山﨑は，恋人との将来設計，結婚，出産，育児などの私的な生活領域での経験は，教師としての活動を実際問題として制限するものであることを指摘する一方で，子どもの見方や教育のとらえ方を深めるものとして注目している。筆者が行った分析でも，自分の子どもをもつという体験が，教師に保護者側の視点を取ることを可能とし，教育的な視野の広がりにつながっていることが明らかになっている[10]。

(3) 特別な教職体験

教師の成長の機会は，教育活動そのもののなかにもある。さまざまな課題をかかえた子どもたちとの出会い，彼らとの日々の格闘を通して，教育の本当の意味を確認したという報告をしばしば耳にする。「個に応じる教育が大事だと小学校でもずいぶん言われましたが，養護学校の実習を経験して『個に応じる』ということは本当はこういうことなんだとわかりました。」これは特別支援学校での教育実習を終えたひとりの学生の感想である。課題をかかえた子どもたちへの対応は，教師にとってきわめて困難な課題である。学級崩壊が，そうした取組みの失敗がきっかけとなって起こったというケースも少なくはない。けれども，先ほどの表8.1で「特別支援教育」の導入は4割に近い教師が教師にとってよい効果があると回答しており，教師の成長の機会としても期待されて

いる。特別支援教育の実施にあたっては，それを教師としての成長の場にする学校の研修体制の整備が求められよう。

　教師の成長につながる特別な教育活動は，課題をかかえた子どもたちへの取組みだけではない。各所属校の特色ある実践にしっかりコミットすることもまた，教師としての幅を広げる経験となる。たとえば，小学校教諭は2つの専門教科をもつといわれる。ひとつは大学で専門的に学習した「教科」であり，もうひとつは初任校で配属された教科部会の「教科」や初任校が研究指定校となって力を入れて取り組んでいた「教科」である。所属校での研究や実践の取組みは，教師の専門の教科を決定するほどの大きな影響力をもつのである。

(4) ルーティン化された教職体験

　もちろん，教師の多くは，通常の日々の教育活動のなかでも成長していく。授業づくりをする過程でも多くのことを学んでいくし，授業実践のなかで子どもたちとのやりとりを通して変わっていくこともある。また，授業研究が教師としての重要な成長の場となることは，稲垣忠彦や佐藤学らが指摘する通りである。子どもたちが授業を通して学び成長していくように，教師もそれらを自らの成長の場，学びの場にしていくことが求められている。

　けれども，授業を成長の場とすることは容易ではない。現在学校で一般に行われている知識を憶えるための授業は，基本的に教師－生徒関係の再構造化の場として機能しているからである[11]。皮肉にも，子どものことをよく理解し，彼らの思考や行動の的確な予測に基づいて準備万端に授業をつくり上げることができる教師であればあるほど，授業を新たな学びの場として体験できないのである。

　したがって，日常的な教育活動を教師としての成長の機会とするためには，自身の教育活動を振り返り，対象化する力が必要となる。そうすることによって，そこでの経験を特別な意味のある現実として体験することが可能となるからである。紙幅の関係で内容の詳細は紹介できないが，公立小学校の教諭である川嶋稔彦[12]は，大学院での研修において教師が現象学的アプローチという特別な現実との向かい合い方を獲得し，毎日の実践のなかでかかわっている子

どもたちとの出会い方が変わり，子どもについて新しい気づきを得ていったことを報告している。彼はこの研究を通して，「キレる子ども」と語られるだけだった一児童が，教室を自分の居場所とするために格闘していることを知り，クラスの友だちや彼自身がその児童にとってかけがえのない居場所の一部になっていることを知る。そして，彼は分析的でありながらも温かなまなざしをもってその児童への教育的な関与を継続するのである。

この事例は，川嶋教諭にとって現象学的アプローチという研究的なまなざしが自身の実践を意味ある経験とするための力となったことを示している。しかし，実践を学びの場へと変える力は教師一人ひとりによって異なるものである。各教師が自分の実践を対象化し学びのフィールドにするために自分に合った力を身につけることは，教師教育の重要な課題といってよいだろう。

2　教師集団の成長

ここまでの整理から明らかなように，教師の成長の契機の多くは，個人的に体験されるものである。しかし，教師のライフコース研究やライフヒストリー研究がライフステージやライフサイクルといった成長のステージを明らかにしてきたことが示すように，教師はそれらの個人的な体験を，自身の成長のなかで全体的なものとして統合してゆく。教師の世界では経験の必要がことさらに強調されるが，それらがただの体験で終わってしまったのでは，アイデンティティの再構造化にはつながらない。それらの機会や経験を発達へと統合していくプラスアルファの力があってはじめて，教師は，授業の実践家としての，スクールリーダーとしての，学校運営管理者としての新しいアイデンティティを漸進的に確立していくことができるのである[13]。

そのために，個々の教師の成長する力が必要であることは言うまでもないが，ここではもうひとつの力，教師集団の力について指摘しておきたい。

心理学の発達論者のひとりであるL.コールバーグは道徳性の発達段階を明らかにしたことで有名だが，彼は自身が明らかにした発達モデルに基づいて道徳的な発達を促す道徳教育に取り組んでおり，彼が到達した道徳教育の場の理

論は教師の成長の要件を考えるにあたっても参考になる。

　コールバーグは，モラル・ジレンマ教材を用いたモラル・ディスカッションという教授法と，ジャスト・コミュニティ（「公正な共同体」）と呼ばれる学校改革案を，道徳性の発達を促す教育プログラムとして考案した[14]。この2つのプログラムはどちらも，異なる道徳性をもつ人が活発な道徳的ディスカッションを行うことが各々の道徳性を発達させるという発達観に基づいている。とくに，初期に考案されたモラル・ジレンマ教材を用いたモラル・ディスカッションの実践が成功しなかったことの反省に基づいて構想されたジャスト・コミュニティ・アプローチは，学校が成員一人ひとりの人格を尊重し，対等な関係性を成立させていることが，成長発達の場として不可欠な要件であることを指摘したものであり興味深い。

　佐藤学が提案する「学びの共同体」やそのモデル校の実践を知る私たちにとって，このコールバーグのアイディアを教師の成長発達に援用することは容易だろう。「学びの共同体」は抜群に優れた技能をもった教師が集まった学校というわけではない。けれども，そこが成長し合える教師集団として成立していることの背景には，一人ひとりの教師が個性的な実践者として尊重されていることがある。学校が教師の成長の場となるためには，成長を規範として強制するのではなく，個々の教師の成長が個性として尊重されなければならないのである。

③　協働的な教育を担う教師

　本章では，教師の成長発達のプロセスを確認することを通して，学校が教師にとって成長発達の場となるためには，教師が個性的な存在として尊重されることが不可欠であることを示すにいたった。けれどもここで注意しなければならないことは，個性的な存在として尊重することは，干渉し合わないことと同義ではないということである。

　機能的に分化した社会のあり方を分析したE.デュルケームは，その主著のひとつ『社会分業論』のなかで，機能的な分化が進むことが必然として，各機

能を担う人々が相互的に依存し合わなければならなくなることを強調している(15)。

「分業が人間たちの間に，持続的にたがいを結合させる権利と義務のまったき一体系を創出する。」(p.388)

「社会の存在は，この社会的諸機能に依存しているのであって，諸機能の分割が進むほどいよいよその依存は緊密となる。」(p.389)

機能的に分化するということは，専門性を高め，自律的になることを意味する。しかし同時に，それは連携協働することの必要性が高まることをも意味するのである。デュルケームは，機能的に分化した社会こそが，連携協働を必要とした社会であることを，100年前に社会に問うたのである。

今後，教師の社会は2つの方向で変わっていくことが予想される。ひとつは，教師集団が専門的，機能的に分化し，学校のなかに個々の分野に熟達した専門的教師集団がつくられることである。これは総合病院をイメージすればよいだろう。総合病院では，複数の専門医が自分の専門分野の医療を責任をもって分担している。もうひとつは，教師以外の専門的力量をもった人材が教師役割の一部を担っていくことであり，学校は教師だけの社会ではなく，さまざまな人たちが協働する場となる。こちらも医療をモデルにしてみるとわかりやすい。現在の医療は医師だけによって行われておらず，看護士，理学療法士，作業療法士，カウンセラーなど，さまざまな専門職の協働によって行われている。教育もスクールカウンセラーの採用，地域との連携，大学スタッフや学生ボランティアの活用など，すでにこうした変化は始まっている。ただし，医療の世界の協働が比較的医師が使いやすい人材によって行われているのに対して，教師と教師以外の人たちとの協働が教師の仕事や負担を増加させる一面をともなっていることには留意する必要がある。

もちろん，現状のまま一人ひとりの教師にあらゆる役割を担える，スーパーティーチャーならぬ，スーパーマン的なティーチャーになることを期待することもできるかもしれない。しかし，自分が未だ未完成な教師であることを自覚し，スーパーマン的なティーチャーをめざして自己研鑽することをさらに求めることは，現状においてすでに十分にがんばっている教師に，過重ながんばり

を強制することにしかならないだろう。すでに述べたように、これは教師のバーンアウトを解決せず、いっそう助長することになりかねない。

今後教師に求められることは、協働的な教育の場となっていくであろう学校のなかで、そうした教育の担い手として成長していくことだろう。個性的で専門性の高い同僚と協働することや、教師の役割の一部を担ってくれる外部の専門家と協働することを前提とした教師の成長をどのように構想するかが、教師研究の重要な課題となるのである。　　　　　　　　　　　　【紅林　伸幸】

注
（1）　酒井朗「教師の多忙化・バーンアウト」苅谷剛彦・木村涼子・浜名陽子・酒井朗編著『教育の社会学―「常識」の問い方，見直し方―』有斐閣アルマ，2000年，36-44頁。
（2）　久冨善之編『教員文化の日本的特性―歴史，実践，実態の探求を通じてその変化と今日的課題を探る―』多賀出版，2003年。油布佐和子「教師のバーンアウトと多忙」苅谷剛彦・志水宏吉編著『学校臨床社会学―「教育問題」をどう考えるか―』放送大学教育振興会，2003年，120-135頁。
（3）　久冨編，同上書，109頁。
（4）　油布佐和子「教師のバーンアウトと多忙」苅谷・志水編著，前掲書，120頁。
（5）　紅林伸幸「教師のライフサイクルにおける危機―中堅教師の憂鬱―」油布佐和子編『教師の現在・教職の未来―明日の教師像を模索する―』教育出版，1999年，32-50頁。
（6）　紅林伸幸・越智康詞・川村光「「総合的な学習の時間」に関する調査」（2004年8月～10月）。なお当研究は，科学研究費補助金　基盤研究(B)（「「総合的な学習の時間」導入による学校文化・教師文化の変容に関する実証的研究」課題番号15330178）の助成を受けた。

調査の概要

	送付サンプル数	回収サンプル数	回収率
小学校教師	2484	623	25.1%
中学校教師	873	304	34.8%
全　体	3357	927	27.6%

※サンプルは地方2県の小・中学校の学級担任教員

（7）　高井良健一「教職生活における中年期の危機―ライフヒストリー法を中心に―」『東京大学教育学部紀要』第34巻，1995年，323-331頁。塚田守『受験体制と教師のライフコース』多賀出版，1998年。山﨑準二『教師のライフコース研究』創風社，2002年。川村光「教師の中堅期の危機に関する研究―ある教師のライフヒストリー

に注目して―」『大阪大学教育学年報』第8号，2003年，179-190頁。
（8） 山﨑準二『教師という仕事・生き方』日本標準，2005年。
（9） 山﨑，同上書，220頁。
（10） 紅林伸幸「教師のライフサイクルにおける危機」油布編，前掲書，38-39頁。
（11） 紅林伸幸「授業コミュニケーションと社会化―国語科授業実践の社会化構造に関する教育社会学的考案」『東京大学大学院教育学研究科紀要』第35巻，1995年。
（12） 川嶋稔彦「「キレる」子どもの友だち関係への現象学的接近―生きられる居場所への闘争(1)―」『滋賀大学大学院教育学研究科紀要』第5号，2002年，25-36頁。
（13） 個別的な成長発達を支援する研修システムとして，滋賀大学教育学部が現職教員研修にかかわって計画している「「実践力診断講座」による教員の資質向上プロジェクト」には注目したい。これは，複数の教育実践の専門家で構成された診断チームの指導の下で，現職教員が指導力診断シートと指導力診断講座のデータに基づいてパーソナルロードマップを作成し，長期的視野に立って適切で効果的な研修計画を組むことをめざすものである。
（14） 紅林伸幸「学校改革論としてのコールバーグ「ジャスト・コミュニティ」構想―アメリカ道徳教育史の社会学的省察の中で」『東京大学教育学部紀要』第34巻，1994年。
（15） デュルケーム，E.『社会分業論』田原音和訳，青木書店，1971年。

考えてみよう

1．教員が成長できる場や契機がどのようなものか考えてみよう。
2．教員が自身の実践を振り返り，対象化することの意義を考えてみよう。

参考文献

大瀬敏昭『学校を変える―浜之郷小学校の5年間』小学館，2003年
油布佐和子編著『教師という仕事（リーディングス　日本の教育と社会15)』日本図書センター，2009年
永井聖二・古賀正義編『《教師》という仕事＝ワーク』学文社，2000年
久冨善之編著『教師の専門性とアイデンティティ』勁草書房，2008年
山崎準二『教師のライフコース研究』創風社，2002年
ショーン，A.D.（柳沢昌一・三輪建二監訳）『省察的実践とは何か　プロフェッショナルの行為と思考』鳳書房，2007年

第9章　教職への学び(1)
——学問性と実践性

1 「大学における教員養成」の意義
——教員養成の使命は「"即戦力"の育成」だけではない

1 「大学における教員養成」とは

　どんな職業であっても，職務の遂行にぜひとも必要とされる「その仕事ならでは」の資質や力量がある。職務内容の特殊性や専門性が高いほど，力量の習得には長い年月を要するにちがいない。教職が，4年にわたる大学（または2年の短期大学）での準備教育期間を必要とし，採用後も初任者研修をはじめとする種々の研修機会や職務上の諸経験を通じて，継続的な職能発達を要請される仕事であるのも，当然だといえよう[1]。

　学校の教員は，現代社会の維持・発展にとってきわめて重要な公教育の実践を専門的に担う職業である。就学率・進学率の高さをみれば，現代の学校がすべての人々の生活や人生に重要な影響力をもち，さまざまな意味で個人と社会とを結びつける社会的装置として定着していることは明らかである。それだけに，教育実践の主体である教員に注がれる視線は厳しい。それは教職への期待の大きさの裏返しでもあるが，教員への多種多様な批判となって表現され，「教員養成」のあり方に直結して論じられることも少なくない。

　とくに近年，そうした議論では「実践的指導力」がキーワードとされる傾向にある。なかでも，すぐに役立つ指導の技術の習得を求める声は，ともすると「学問の府」たる「大学」での教員養成自体を否定的にとらえがちである。だが，教員になるための準備教育の意味を，「すぐに役立つ技術」の習得という，いわゆる「"即戦力"の育成」のみに集約してとらえる議論は，正しいとはいえない。

2 教職に欠かせない「専門的自律性」

　D. ショーンによれば，現代の専門家は職務の実践のなかで「複雑性（complexity）」「不確実性（uncertainty）」「不安定さ（instability）」「独自性（uniqueness）」「価値葛藤（value-conflict）」という事態に直面している。それらは技術的合理性では対応不可能で，自らの実践を通じて行為しながら思考すること——「行為のなかの省察（reflection-in-action）」——によって多種多様な状況に対処する必要がある[2]。

　教員職務のもっとも中心的場面である授業の展開過程は，あらかじめ準備された合理的計画の円滑な遂行で成立するものではない。それはまさしく，複雑な要因から成り，不確実で不安定な予期せぬ事態の連続過程で，個々の教員には，「行為のなかの省察」に基づく独自の意思決定が絶えず要求される。

　「教える仕事」の専門家である教員にとって，「教える相手」である子どもをどう理解し，彼／彼女等とどのような関係を取り結ぶか，そして子どもどうしの間にどのような関係を形成するかは，「教える内容」への精通と同様に重大な課題である。「学級崩壊」現象はその相手が「個人」ではなく「集団」であることが独自の意味をもつことを示している。「学ぶ意欲」の低下といわれる事態は，教育活動が「教える相手」の「主体性」に大きく依存せざるをえないことを否応なく突きつけている。教員は，これまで以上に複雑で不確実な事態に，価値葛藤をかかえながら思考しつつ対処する力を必要としている。また，教員職務は，教室という閉鎖的空間で，幅広い意思決定裁量を委ねられており，他の職業に比べてきわめて高い独立性のもとで遂行される。

　これらのことを勘案すれば，教員職務には高度の「専門的自律性」が必要であり，それに耐えうる資質や力量の基盤を培うことが，その準備教育には不可欠である。「すぐに役立つ技術」は，それを基盤においてはじめて，真に「役立つ」ものになりうるということを忘れてはならない。

3 「大学における教員養成」の社会的意義

　今日の教員養成制度は，初等・中等教育に携わるすべての教員を大学で養成

するという原則でつくられている。それは，後述するように，戦前の師範教育に対する徹底的な批判から導き出された。大学は「学術の中心」（学校教育法第83条）で，高い教養と深い専門的学芸を自由に追究することのできる機関だという理解のもとに，その原則は合意された。

その「大学」で教員養成を行う意義のひとつは，すべての教員の知的・教養的水準を大学卒業レベルへと高度化したことにある。発足直後の新制高校の進学率が5割に満たなかったことを思えば，戦後期において，それはいまだ「現実離れ」したものだったといえる。しかし，いまや大学・短大進学率は54％を超え，高等教育進学率は75％を超えている。全体の75％の子どもがやがて高等教育へ進学するという現実のなかで，すべての教員が大学卒業程度の学力水準を維持するということは，最低必要条件だといってよい。

ただし，それは，単に教員自身の教育水準の次元にとどまる問題ではない。今日，一人ひとりの国民が，主権者として自律的判断を行うために必要な知識・教養・人間性を培うことは，民主主義社会の構築・発展にとって欠かせない。すべての国民に「教育を受ける権利」（日本国憲法第26条）を保障する公教育の仕組みのもとで，学校の教員は主権者の育成という社会的使命を直接的に担っている。戦後の新制大学は，単線型学校体系のもとですべての国民にアクセスを開放し，「学問の自由」（日本国憲法第23条）を保障するという重要な役割を担うものとなった。このような見地に立つならば，学校の教員を志す人材が，そのような大学で，幅広い学問的教養を身につけて自身の専門分野の学問を深く追究する経験を積むことは重要である。それは，「学問」と「すべての国民」とを架橋することを通じて，自由な精神でさまざまな角度から社会のあり方をとらえ直すことのできる主権者を育てることに結びつくからである。先述の「専門的自律性」の重要性をふまえれば，その「学問」のなかに，教育および教職に関する専門的な知識・技能にかかわる領域が含まれるべきことはいうまでもない。

「大学における教員養成」は以上のような社会的意義をもつものと確認できる。ここで問題になるのは，大学で行われるべき教員養成の内実である。次に，戦

前～戦後にわたる議論の展開を振り返りながら，その点について検討してみよう。

2 教員養成の歴史的難題
―「教員になるための教育」をいかに創るか

1 戦前における教員養成

　戦前教員養成制度の基本構造は，1886（明治19）年の学校令によって決定づけられた。

　小学校教員を養成するための機関として，師範学校が置かれた。師範学校は小学校卒業を入学資格とする中等教育機関で，エリート人材育成を目的とした「小学校→中学校（尋常・高等）→大学」という学問中心の学校系統とは別立ての，国民教育のための学校系統に位置づけられた。

　その内容としては，「順良信愛威重」の気質を養うために兵式体操が重視された。カリキュラムは小学校の全学科目を並べてそれぞれのなかに教授法を含め，「教育」科と実地授業（教育実習）を備えていた[3]。これらの特徴は，師範学校が「教員になるための教育」に特化した教育を行っていたことを意味する。ただしそれは，たとえば教授法は自主的な教材研究の余地が小さく，所与の教材を伝達するものにとどまるなど[4]，強力な国家統制のもとでの「教員になるための教育」であった。また，実際には免許状取得者のうち師範学校卒業者は半数に及ばず，無資格教員も多かった。つまり，戦前の小学校教員養成は，質・量ともにきわめて不十分であった[5]。

　中等学校（師範学校・中学校・高等女学校）教員の養成機関として，やはり国民教育の学校系統に高等師範学校が設けられたが，中等教育の発展にともなう需要増大にはとうてい追いつかず，帝国大学ほかの高等教育機関（私立を含む）が戦前の教員養成の重要部分を担った。昭和期にいたっては，それらの大学等から輩出された教員の比率は8割以上を占めていた。つまり，中等学校教員の養成は当時すでに「大学」で行われ，特定の目的機関以外の学校でも広く行われていた。そのことは，中等学校教員養成が，個別学問分野の「教える内容」に特化された知識に依拠し，教育学や「教える方法」にかかわる知識・技能とは

無縁だったことを意味する(6)。

　以上のような戦前教員養成の仕組みには、次の特徴をみてとることができる。
　第一に、初等・中等に共通して、教員養成のための目的機関による養成はきわめて不十分であった。第二に、小学校教員養成と中等学校教員養成との間には、学校段階すなわち教育・学力水準に明確な格差があった。第三に、師範学校での教員養成は目的的に行われたものの、その内容は強い国家統制のもとにあり、精神主義と「教える"技術"」を軸においていた。第四に、中等学校教員養成は、専門分野の「教える内容」のみに依拠する実態にあった。そして第五に、師範学校卒業者は大学への進学ルートをもたず、小学校教員養成は「学問」から断絶した位置にあった。そのことは、「師範型（師範タイプ）」と呼ばれる鬱屈した気質の形成につながったとされる。
　ここで浮かび上がるのは、戦前の教員養成において、「教員になるための教育」は質的にも量的にも十分な確立をみていなかったという事実である。「教える内容」の追究のみに依拠する中等学校教員像と、精神主義と「教える"技術"」に特化された小学校教員像が並立し、それは、学校系統の明確な分離および学校段階の格差と一体化するかたちで、中等学校と小学校それぞれの教員養成システムを形成していた。

2　戦後「大学における教員養成」原則の出発点
(1)　「大学における教員養成」の合意
　戦後、新しい単線型学校体系のもとで9年間の義務教育を担う教員を、どのような制度のもとで養成すべきか。教育制度の抜本的改革をめざした教育刷新委員会において、それはきわめて重要な議題とされた。
　議論の初期段階で出された多様な意見のなかで、1点だけ、ほぼ全員に共通する見解があった。それは、戦前の師範教育を否定しなければならない、ということである(7)。教員養成のあり方をめぐる議論にとって、それは共通の起点となった。ところが、師範教育の何が悪かったのか、それに替えてどんな教員養成を行うべきか、という点で議論は錯綜した。

師範学校に対する批判のひとつは，「教える内容」にかかわる「学力」の低さにあった。それをめぐる議論では，「義務教育教員も大学で養成すべきだ」という主張がなされる一方で，「低い水準の教科内容を取り扱う小学校の教員には，大学水準の教育は不要」という意見も出された。これらは最終的に，師範色払拭のためには大学の自由な雰囲気が必要だという方向へと収束した。

　こうしてさまざまな議論の結果，「教員の養成は総合大学及び単科大学において教育学科をおいてこれを行う」という基本的方針の採択にいたった（1946年12月）。これが，後に教員養成制度の原則のひとつとされる「大学における教員養成」の政策上の合意であった。1943（昭和18）年に師範学校が専門学校程度に昇格されるまで中等教育程度にあり，「学問」から断絶されていた小学校教員養成にとって，これは画期的な改革を意味した。

(2)　幅広い学問的教養の保障と「教員になるための教育」の忌避

　しかし，「どんな大学で？」という問いをめぐって，議論は紛糾した。その中心的な対立軸は，「教員になるための教育」を行うことの是非にあった。具体的には，学問が十分にできること——教える内容——こそが教員の第一条件だと考える「アカデミシャンズ」と，教員としての特別な知識・技能——教える方法——は不可欠だと主張する「エデュケーショニスト」の対立として把握することができる[8]。

　「アカデミシャンズ」の主張は，学問的教養と優れた人間性を重視し，それらは純粋に学問を深く追究することによって培われる，というものだった。その背景には，戦前の師範教育は「教員になるための教育」を行ったところに問題がある，という認識があった。つまり，良い教員養成を行うためには，「教員になるための教育」をしてはならない，という論理である。

　これに対して「エデュケーショニスト」の主張は，「教員になるための教育」は必要だ，というものだった。戦前の師範教育は，実は十分な内容を備えた「教員になるための教育」を行い得なかったところに問題があったのだ，と彼らは論じた。そして，「教員になるための教育」を大学レベルでまったく新たに創造することこそ必要だ，という議論が展開された。

この両者とは異なる立場の見解もあった。それは，幅広い学問的教養と「教える方法」の必要性をともに説く議論である。教員の量的確保にとっては「教員養成のための大学」は必要であること，幅広い学問的教養と「教員として必要なこと」をともに追究する大学は実現可能であること，などが主張された。最終的にはこの主張が，前掲二者の対立を収束させ，「教育者の育成を主とする学芸大学」という構想を導いた。

　「学芸大学」は，「文理科的」な幅広い学問的教養を意味する一般教養を主とし，"機能"として小・中学校の教員を多く輩出する大学として合意を得た。それは，教員志望者すべてに，幅広い学問的教養習得の機会を開くという点で画期的であったが，同時に，「教員になるための教育」に対する忌避意識を内包していた。結局，「大学」でどのような「教員になるための教育」を行うべきかの内実追求という課題は，先送りされたのである。

3　大学における教員養成カリキュラムの構造と問題

1　教育職員免許法に基づくカリキュラム

　大学における教員養成のカリキュラムは，教育職員免許法（1949年制定）を受けて，各大学でつくられることになった。同法は戦前の反省をふまえて，小・中・高等学校のいずれの教員養成においてもほぼ同じように教職教養を重視し，「大学における教員養成」のもとで「教員になるための教育」が確立されることに期待を寄せていた。解説書にみられる次の記述は，それを示している[9]。

　　「教育という仕事のために教育に関係ある学問が十分に発達し，この学問的基礎に立つて人間の育成という重要な仕事にたずさわる専門職がなければならない。」

　同法に基づいて，教員免許状を取得しようとする者は，「専門科目」のなかで必ず「教科に関するもの」と「教職に関するもの」を所定の単位数以上修得することを課された。これによって，小・中・高等学校の教員養成すべてにおいて，教職専門教養を含めた「教員になるための教育」が求められることになった。

　以来，同法は大規模な改正を幾度か経験しているが，なかでも1953（昭和

28）年の課程認定制度導入は重要である．それは，各大学が免許状授与のための課程として開設する「専門科目」について，文部大臣（文部科学大臣）による認定を必要とする制度である．それは「大学における教員養成」に対する国家統制の強化という性質を有するが，その創設経緯をみると，不十分な教員養成実態の是正措置という側面があったことも見逃せない[10]．

いずれにしても，教員養成カリキュラムの基本枠組みとしては，各大学で提供される幅広い教養と各専攻分野の深い教養に加え，「教科に関する専門科目」と「教職に関する専門科目」を必ず含めることとなっている．ここで，教員をめざす学生にとって重要な問いは，自分自身にとっての「大学における"専門"」とはいったい何か，ということである．

2　大学における「教員になるための教育」の位置

認定課程を有する短大・大学の数は，2010年5月現在，国・公・私立をあわせて855校にのぼる[11]．免許状の種類や専門教科の内容によって教員養成のカリキュラム構成は多様にありうる．なかでも小学校教員養成のためのカリキュラムと中・高等学校のそれとでは，構成内容が大きく異なってくる．

全教科の授業を1人で担当することを前提とした小学校教員にとって，教科に関する専門科目は特定の学問分野に限定できない．「教える内容」を重視する立場からいえば，小学校の全教科にかかわる多様な学問の修得が必要となる．かといって，さまざまな分野の科目を広く浅く羅列的に学ぶだけでは，学生自身の専門アイデンティティの保持は難しい．その解決策として広まったのが，特定の教科を柱とする「ピーク（専修）制」である．

一方，中・高等学校教員養成のためのカリキュラムでは，専門教科の「教える内容」にかかわる科目の履修が中心を占めている．とくに，教員養成系大学・学部以外の大学では，教職専門科目は卒業に必要な習得単位数の「外」におかれるのが一般的である．

大学における「教員になるための教育」の位置を以上のようにとらえると，その内実は「教える内容」にかかわる既存の学問分野に重心をおいて構成され

てきた。それは，多くの大学において，教員養成は依然として"機能"ととらえられるにとどまり，「アペンディックス（付録）」的な扱いを受けてきたことを意味している[12]。制定当初の教育職員免許法が「大学における教員養成」の実質化に寄せていた期待に立ち戻れば，「教育に関係する学問」の基礎に立って「教員になるための教育」を確立するという課題は，いまだ解決されてはいないといえよう。

3　現代の教員養成における「大学」の意味
──「学識ある教育専門職」としての主体形成

　近年，小・中学校の教員養成を大きく担っている教員養成系大学・学部では，学校現場や地域との連携によるカリキュラム改革の積極的な取組みが展開されている。日本の「大学における教員養成」の歴史をふまえるとき，「体験－省察の往還を確保する『教員養成コア科目群』を基軸としたカリキュラム」の開発・実施をめざすそのような試みは，大きな意義をもっている[13]。「教員になるための教育」を中心軸に据えて，教育に関する学問成果を基盤として教養・教職専門・教科教育・教科専門がつながったカリキュラムができるなら，このウェーブは画期的なものになる。

　ただし，いくつかの課題もまた，把握しておく必要がある。

　第一は，この動きと並行して進む，大学教育における「幅広い学問的教養」の衰退状況をどうふまえるかという点である。1991（平成3）年の大学設置基準の大綱化以降，大学における「教養教育」の様相は大きく変化している。高等学校での選択履修幅も拡大しており，大学における「専門」の土台を成すべき教養的基盤は後退傾向にあるといえよう。そうしたなかで早期から「体験」を重視することは，「思考」の狭隘化と隣り合わせでもある。本来のねらいである「省察との往還」は，そのような困難を乗り越えてはじめて実現できるのだといえよう。

　第二は，教育学研究のあり方の問題である。学生にとっての「体験と省察の往還」確保の問題は，教育学研究における「教育実践－研究の相互関係」のあ

り方のそれでもある。学生の「体験」を「省察」へと引き込み、さらに「それをふまえた"体験"」へ進展させるには、学生が体験しうる「実践」を対象化した「研究」の進展が欠かせない。「実務家」教員にコーディネートを委ねたり「事後指導」を任せたりするだけでは、真の「往還」は実現しないし、「大学」における「教員になるための教育」の構築にはつながらないだろう。このことは、「東京教師養成塾」にみられる、教育委員会等の主導による「体験」的活動と大学における「体験と省察の往還」の質的な差異の自覚に通底する。

　そして、教職への準備期間を「大学」で過ごす学生としては、自らの大学における学習履歴を、「教員になるための教育」を中心軸にして組み立てるという意識をもつことがもっとも重要である。

　冒頭で述べた「大学における教員養成」の「社会的意義」と教員の「専門的自律性」の重要性をふまえれば、広く深い学問的教養は教職の基盤を成す条件として欠かせない。それは単に「教える内容」である教科に矮小化されない幅広い学識を意味するものである。他方で、さまざまな混迷をかかえながら変化する教育の課題の複雑性・不確実性をふまえれば、「教える内容」と「教える方法」はもとより、「教える対象」である子ども、「教える場」である学校、「教えるシステム」である公教育などについての、学問に基礎づけられた知識や思考様式も同じように不可欠である。それは、「教育専門職」としての教職に固有の専門性だといえよう。

　だが現実には、以上の要素は「教員養成カリキュラム」として系統づけられているわけではない。また、相互に統合的に組み合わされているともいえない。とりわけ、大半が一般大学・学部で行われている高等学校教員養成の場合、その傾向は顕著だと考えられる。

　そうした現実のなかでも、学校の教員としての自身の専門性の形成を見据えようとするならば、自分にとっての「教員になるための教育」を基軸として前掲の諸要素を組み合わせつつ、自分なりの学習履歴を主体的に構築することが重要である。その際、公式カリキュラムとしては表現しがたい、「大学」でこそ確保しうる「自由」な「時間」「空間」「経験」などが豊かな人間形成にとっ

てもつ意味の重要性も忘れてはならない。

4 教育実践とその評価

1 教員養成における「教育実践」の意味

　教師の養成は，大学において行われることが原則であることはいうまでもない。それは，医師や弁護士，管理栄養士，薬剤師等，現代の多くの専門職が，大学や大学院での養成に基づいて資格を与えられていることと同様である。現代のさまざまな職業，とりわけ，専門職の仕事はきわめて複雑であり，適切な職務遂行のためには，高度の学問的背景と長期の養成が必要とされているのである。専門職である教師にとっても，大学や大学院での高度な学問的背景が求められている。すなわち，教師の教育活動は，教える教科の内容，教授法，カリキュラムの理論，教材研究，成績評価の理解と方法，生徒指導，学級経営，子ども理解，人間の発達，教育の目的と思想，教育法規と教育政策等についての膨大な理論と学問的背景に支えられた職務であり，その基礎的理論と学問的背景を学ぶことが，大学における教員養成にまず求められることである。

　しかし，大学は，理論的・学問的側面から教師の仕事の理解を深めると同時に，教育実習等の機会を通して，実際の現場の教育実践にふれながら，教職理解を深めることのできる場でもある。近年，わが国の教師教育政策においては，教員養成段階において，「実践的指導力」の育成を求める声が強くなってきている。大学の教職課程を終えたばかりの新任教師が，他のベテラン教師たちといっしょに，採用された後すぐに，毎日の教育実践に取り組まなければならないという現実を考えれば，大学の養成段階において，理論ばかりではなく，すべての教職課程学生に，最低限の「実践的指導力」をもつことを要求するのは当然のことであろう。そういった側面から，大学の教員養成における「教育実践」の占める位置はきわめて大きいといえる。それは，大学の講義のなかで示された理論的な内容とは異なり，教師としての具体的な姿を学生の前に生き生きと示すものでもあり，また，理論的・体系的な教育が一般的である大学教育のなかでは，きわめて具体的に教師の仕事のありようや問題を経験したり疑似

経験したりできる教育の場を提供するからである。それは，専門職を養成するプログラムのなかでは，非常に重要な部分を構成するものである。近年，専門職養成において「臨床の知」が重要視されるようになったのは，こうしたことが背景にある。たとえば，医師養成において，医学の理論を学ぶばかりではなく，病院等での患者を目の前にした実践的な知識・技術が医師にとってきわめて重要であるといわれるのと同様，理論的な教育を中心とすることが多い教員養成においても，「教師の教育実践」そのものに目を向けて，それを深く研究・学習することが，教師としての専門性の核となるのである。

ところで，教員養成における「教育実践」とは，初等・中等学校における教師の実践であるが，それは，教職課程を履修している学生たちにとっては，必ずしも目新しいものではない。それどころか，学校現場での教師の姿は，多くの場合，幼稚園から高校まで14年間，毎日目にしてきたものであり，世の中に存在している無数の職業のなかでも，もっともよく知っているものであろう。言いかえれば，毎日，教師の教育実践を観察することによって，学生たちは，長期間，教師となるための養成を受けてきたことになる。このことを，シカゴ大学の社会学者 D.C. ローティは，「観察徒弟制度」と呼んでいる[14]。ヨーロッパ中世以来の職人の世界において，職人の養成は「徒弟」として親方のもとでいっしょに生活しながら行われたことはよく知られているが，この言葉は，学生たちの長年の教師との接触も，一種の「徒弟制度」であることを示したものである。ただし，ローティは，教師のそれが普通の徒弟制度とは決定的に異なる部分があるという。それは，普通の徒弟制度では，徒弟は，その職人になるという目的を達成するために徒弟となっているのに対して，児童生徒として毎日学校で学んできたのは，将来教師になるためではない。つまり，あくまでもそれは，教員養成を目的としない，教師の教育実践の「観察」であったのである。そして，そのことが，教師の仕事を，きわめてよく知っているようにみえて，逆に，表面的にしか理解しない，知ったつもりになってしまうことの多い職業にしてしまうのである。事実，これほど「やってみなければわからない」職業もないだろう。教育実習に行って，多くの学生が「これほど大変な仕事だ

とは思いませんでした」とか「こんなにすばらしい仕事だとは思いませんでした」という言葉を口にするのは，こういう背景があるからである。教師の仕事を自分の一生の仕事にするには，教師に対する個人的な経験や思い込みを越えて，教師の仕事を本格的に学び直すことが必要なのである。その意味で，教職課程の学生にとっては，教師の「教育実践」は，新しく学び直すべき「研究対象」なのである。

2 ベテラン教師の実践事例・体験談や先輩の教育実習報告の意義と限界

教員養成の段階で教職志望学生がかかわる「教育実践」には，さまざまなものがある。たとえば，教育実習への参加以外にも，ベテランの現職教員によるすぐれた教育実践事例の紹介や体験談，あるいは，先輩学生たちの教育実習報告などの，実践との「間接的」な接触がさまざまある。こうしたいわば「間接的」な教育実践は，教員養成段階の学生にとってどのような意味と意義があるのだろうか。

「優れた教育実践事例」は，「教師論」や「教育原理」，「教科教育法」，「事前時後指導」等，教職専門科目のさまざまな科目のなかで，資料を使って紹介されたり，ビデオに収録された活動の様子を見たり，あるいは，ゲストとして呼ばれたベテラン教師や校長本人が学生の前で体験談として話す場合もある。こうした事例を知ることによって，学生である自分たちとは格段にレベルの違う，優れた教育実践の存在を知ることになる。そして，ベテラン教師の力量の高さに驚き，教育実践の背後にある深い思考と周到な準備・計画がなされた授業のあり方を知る。つまり，以前から，自分が児童生徒として毎日見慣れてきた(すなわち「観察徒弟」として眺めてきた)教師の姿とはまったく異なった教師の姿を発見するのである。そして，めざすべき教師のひとつの理想モデルとして，その教育実践をとらえることになるのである。理想の教育や教師のあり方は，大学の講義のなかで理論的に何度も取り上げられて説明を受けるが，それが，これまでの自分の学校生活のなかの教師たちとは結びつかず，とまどい，そして，単なる「理想論」として受けとめることになる場合が多い。しかし，優れた教

育実践事例は，理論的な説明だけではわからない，あるいは，見えてこない実際上の教育活動や指導の姿をリアルに具体的に示してくれる。それは，単なる「理想論」や「理論」ではなく，優れた教育実践が，実際に行われている「現実」であることを示してくれるのである。

他方，「教育実習報告」は，多くの大学で行われているもので，すでに教育実習を終えた先輩や同学年の学生による体験報告会である。これは，先の「優れた教育実践」とは異なり，自分と同じ「教育実習生」としての教育実践体験であり，めざすべき理想の教育実践というよりは，これから体験するであろう自らの教育実践を意識した，その準備のために価値あるものとして考えられている。それは，自分がこれから教育実践を行う際に予想される課題や問題を，あらかじめ知り事前に対応を検討するための貴重な内容が多く含まれているからである。したがって，はじめて教育実習に行くことが予定されている学生は，あらかじめこうした報告を十分聞き，その内容を分析・検討しておくことが重要であろう。

しかし，以上のような実践の事例や報告は，「生」の直接的な実践ではない。すなわち，教師をめざす学生にとって，それらはあくまでも「間接的体験」にすぎない。この点が，後に述べる教育実習への参加とは決定的に異なる点である。そして，「間接的体験」であるというこの点にこそ，こうした実践事例や報告を受けとめる際に，教職課程の学生が注意すべき問題が隠されているのである。

第一の問題は，「体験」の意味に関係するものである。すなわち，「教育実践」としての「体験」は，直接に体験することによってこそ，その意味がある。それは，自らをそのシチュエーションのなかにおき，物理的かつ時間的な連続性のなかで，次々と現れる予測不可な事柄に適切に対処し，子どもたちや他の教師たちとの関係のなかで，一瞬一瞬の判断を下すという経験が貴重なのである。ところが，優れた実践事例や体験談は，その報告を行った人の実践や体験の「一部」が，前後関係や全体の場から切り取られて報告されているだけである。たとえば，大学の授業のなかでビデオで見た「優れた授業」の内容は，見

ている教職志望学生にとっては，臨場感あふれる，まさに，「現実的」な体験であろうが，しかし，そこには，その授業にいたるまでの，教師の準備と研究，教師とクラスの子どもたちとの間に培われてきた信頼関係の成立過程，他の教師や校長からの援助とはげまし，あるいは，失敗した事例等の現実はカットされている。ビデオや資料，体験談等による「間接的な実践」は，当事者としてかかわらない「疑似体験」であり，本来の「体験」のもつ意義の重要な部分を欠落させている。優れた教育実践や先輩の教育実習報告書は，それぞれから学ぶべき点が大きいとしても，「疑似体験」としての限界性を自覚して受け取る必要がある。

　第二の問題は，教育実践の「質」に関するものである。すなわち，教師の教育的行為は，単なる「実務」や「技術」ではない。教師自身の教育観，子ども観，人間観，社会観に支えられた実践であり，長年の経験と個人および教師相互の共同的学習や研究によって培われるものである。したがって，ベテラン教師の教育実践をビデオで見た通りそのまま真似しても，必ずしもうまくいくとはかぎらない。現職教師や先輩の体験談から得られた情報に基づいて，そのスタイルをまねて学級経営を行っても，必ずしもうまくいかない場合が多いのである。

　第三の問題は，体験の「個人性」に関するものである。ベテラン教師による現場の経験談や教育実習報告などの「学校現場」についての話は，あくまでその個人の視点から語られるものであり，実態を語るにしても，多分に主観が入り込んでいる場合が多く，厳密性や客観性に欠けることもある。したがって，こうした体験談や報告をそのまま「絶対的なもの」として受け取り，一般化してしまうことには慎重でなければならない。

　以上のように，教員養成段階で，ベテラン教師の教育実践の報告や経験談を聞くことは，優れた教育実践や優れた教師の存在を再認識したり，教職への志望を強める方法としては重要であり，そのような機会を提供することは重要である。しかし，それだけでは，教員養成のなかで果たす役割は，「実践的指導力の育成」という観点から見てそれほど大きくないと思われる。教育実習報告

についても，自分の実習を行う事前準備のために役立つが，それは，実践・体験そのものではなく，実践・体験の「情報」にすぎないし，しばしば，それは，客観性を欠いた「情報」の場合もある。したがって，以上のような実践事例や体験談・報告等は，教員養成段階では，「実践」そのものとしてよりも，「理論と実践をつなぐもの」として，理論と実践の中間に位置づけて，その内容や性格に合わせて，ねらいや目的をはっきりさせて導入することにより，より効果的な教材として利用できると思われる。

5 教育実践と教育実習

1 教育実践としての教育実習の意義

　以上のように，教員養成においては，教育実践と間接的に接触する機会がいくつかある。しかし，教員養成の段階でのもっとも重要な教育実践といえば，それは，「教育実習」をおいて外にないであろう。教育実習こそは，直接的な教育実践の場であり，教員養成における理論と実践を融合する最大の機会であるといえる。教員養成における教育実習の意義としては，以下の4点をあげることができる。

　第一に，学ぶ側である子どもたちの実際の反応を直接受けとめ，子どもたちとのかかわり方を直接体験できる機会であることである。すなわち，教員養成の段階では，現実の教育現場のシチュエーションに自らをおくことができる唯一の貴重な機会であり，「子どもから」学ぶ機会を得ることでもある。また，教育とは，けっして一方通行的なものではなく，教える者と学ぶ者との相方向のやりとりであり，教師の教育実践が，子どもたちとの相互通行のものであることを確認する機会ともなっている。結局，教育実習は，現実の子ども集団のなかで，授業や児童生徒指導の実際を体験することによって，教師としての「実践的指導力」を築き上げるための基礎となっているのである。

　第二に，総合力としての教師の「力」の確認ができることである。教師に必要な力量とは何か。それを，教壇に立つことによってはじめて理解できるのである。教職課程を履修した当初考えていたように，教える教科の内容だけ知っ

ていれば授業が成立するわけではないこと，事前の十分な教材研究がいかに重要なものか，クラスの子どもたちの集団をコントロールする力量がいかに必要か，話術，表情，個々の子どもたちの一人ひとりへの気配りと対応，そして，授業以外での子どもたちへの安全や人間関係への配慮等，教師に求められる幅広い職務と力量の内容を実際に確認できるのである。

第三に，「学ぶ立場」から「教える立場」へという「転換」を体験できるということである。その「転換」によって，あらためて教師の仕事の困難さと魅力に気づく場合が多い。いかなる職業においても，外から眺めるのと実際に自分でやってみるのとは大きな違いがあるが，すでに述べたように，とくに教師という仕事は，長年，児童生徒として親しく毎日つきあってきた仕事だけに，知っていると思っていた教師の仕事が，いかに困難であり，かつ，知らなかった側面が多いか，そのギャップを知るのである。その意味で，教育実習は，こうした立場の逆転と視点の逆転を実際に経験できる貴重な機会であり，教師となる前には必ず体験しておかなければならない経験である。

第四に，自らの教師としての適性を確認する機会であるということである。実際に教師の職務の一部を経験してみることによって，はたして自分が教師という仕事に向いているのかどうかについて判断をする機会となるのである。と同時に，教師という仕事が，自分の本当に望んでいた仕事なのかどうかについての判断をつけることもできる。したがって，教育実習を体験することによって，教師という仕事の魅力を再確認する機会になる人もいれば，自分には不向きであるとの確認をする機会になる人もいる。ただし，一度の教育実習が，必ずしも，教師としての適性確認のための絶対的な判断基準になるわけではない。実習を行った学校の状況（荒れ等），実習担当指導教師の力量や姿勢，学校全体の指導体制，担当した学年や学級の違いによって，同じ「教育実習」といっても，非常に異なる体験をすることになるからである。

現在，教育実習に関しては，その期間の長さや時期，指導体制のあり方など，さまざまな点で改善すべき問題をかかえている。しかし，教育実習が，教員養成において実践的指導力の育成の基礎を提供する貴重な機会であることは確か

であろう。

2 教育実践を評価する視点

　以上，教員養成における「教育実践」の意義と課題を検討してきたが，あらためて，教員養成において「教育実践」をどうとらえたらよいのか，どう評価したらよいのかについてまとめてみよう。

　まず，教職課程の教師志望学生にとっては，教師の「教育実践」とは，自分が子ども時代から長年観察し親しんできたものである。しかし，教員養成プログラムのなかで再び出会う「教育実践」は，以前のものとはまったく異なった姿を見せるはずである。講義で紹介される現場教師の優れた教育実践事例やそのビデオは，自らがめざすべき目標となったり，教師の仕事の厚みと魅力を再発見し，教職への志望を強める役割を果たす。また，教育実習報告は，他の学生の「教育実践」の報告であり，自分がこれから参加する教育実習という実践のための準備を行うために貴重な情報を提供するのである。教員養成段階における，このような「間接的」な教育実践との出会いは，理論的・学問的な内容が多くを占める大学の教員養成プログラムのなかでは，より具体的な内容であり，これまでの学校生活で出会った教師たちの姿や自分の知っている学校の姿と大学の理論的講義のなかで学んだもののギャップを埋めるものであり，「理想論的」「理論的」といわれる大学の教員養成プログラムにしっかりとした現実的根拠を与えるものである。そのようなものとして，こうした「間接的」教育実践を評価することができる。ただし，それらはあくまでも「間接的」な実践体験であるという点に注意すべきであろう。それは，学校現場の「現実」そのものではなく，前後関係や文脈から切り取られた「現実の一部」であり，あるいは，個人的体験として語られたものである。したがって，「現実」そのものとして，それを絶対視したり，一般化することの危険性を自覚する必要がある。と同時に，間接的体験は，疑似体験であり，本来，教員養成のなかで果たすべき教育実践としての重要な機能を欠いているのである。したがって，こうした「間接的体験」がそのまま「実践的指導力」につながるものではなく，あ

くまでも、大学の理論的教育と有効に結びつけられながら、その理論的学習の理解を増加させるひとつの素材として使用することが効果的であろう。さらに、直接的な教育実践としての教育実習に参加するための準備として、こうした間接的実践体験を利用することも効果的である。したがって、以上のような「間接的」な実践体験は、理論と実践をつなぐものとして、理論と実践の両方に明確に関連づけながら導入される必要がある。

　他方、教育実習は、大学の教員養成のなかでは数少ない「直接的な」教育実践であり、さまざまな点で、実践的指導力の基礎をつくる重要な機能を果たすものである。しかし、この貴重な直接的な実践体験も、限られた期間の限られた経験であり、それによって、教師の教育実践を完全に理解するまでにはいたらないし、教師として採用されてすぐ一人前に優れた教育実践を行うことができるまでに高いレベルで「完成させる」ことも現実には難しい。本来、教育実践の向上への努力は教職生涯続くものであり「完成」ということはありえないものである。教師の実践的力量の多くは、教師となってからの、毎日の教育実践と初任者研修制度や校内研修等の研修を通して、長期間をかけて一歩一歩身につけていくものである。したがって、教育実習は、「教師として完成させる」ためのものというよりも、最低限の実践的指導力と、教師となってからの生涯にわたる教育実践向上への「基礎」をつくるものであり、そうした努力の第一歩として位置づける必要がある。

　また、教育実習は、教育実践の機会ではあるが、それだけが独立しているものではなく、大学の教員養成カリキュラム全体と結合されることによって、その意味をもつものである。すなわち、学校現場での実践・経験と大学で学ぶ理論との統合や循環が必要なのである。この点で、現在のわが国における教育実習は、大学の理論的学習との内的連携・統合を十分行える体制にはなっていない。そのため、教育実習の体験が、逆に、しばしば、現場至上主義や経験至上主義、あるいは、理論や学問的背景を軽視する傾向を生みだす危険性を孕むことにもなるのである。この点で、近年、アメリカにおいて「教職開発学校」(PDS)が広まっているのも、こうした問題を克服する試みである。それは、医

学教育における大学病院の役割を果たすものであり，臨床の場において，理論と実践の統合をはかることを目的としたものである(15)。さらに，近年，わが国において，「教職大学院」が設置されたが，これも，「理論と実践の統合・循環」を強力に行い，教師の高度な専門性を開発することを目的としている(16)。それは，従来不十分であった，大学で学ぶ「形式知」(理論知) と現場で経験する「実践知」を融合・循環させる仕組みの導入である。実践的指導力は，現場経験から得られた実践知のみでは発展が望まれない。また，大学で学んだ形式知・理論知のみでも形成されることはない。教師を高度専門職にするためには，教育実践を理論と緊密に統合させ，循環させる高度なプログラムが必要なのである。教員養成における「教育実践」は，今後，教職生涯にわたる研修プログラムとの一貫性のなかで，こうした方向で本格的に位置づけなおされる必要があろう。

　なお，2008 (平成20) 年 6 月，文部科学省は，大学における教職課程の「教職に関する科目」のなかに，「教職実践演習」を新設することを決定した。これは，2006 (平成18) 年 7 月の中央教育審議会答申「今後の教員養成・免許制度の在り方について」で提唱されたものであり，そのねらいとして，「教職課程の他の授業科目の履修や教職課程以外での様々な活動を通じて，学生が身に付けた資質能力が，教員として最小限必要な資質能力として有機的に統合され，形成されたかについて，課程認定大学が自らの養成する教員像や到達目標等に照らして最終的に確認するものであり，いわば全学年を通じた「学びの軌跡の集大成」として位置づけられるものである。学生はこの科目の履修を通じて，……教職生活をより円滑にスタートできるようになることが期待される」と述べられている。いわば，この科目は，大学での教員養成のしめくくりとして位置づけられており，とくに，教員養成の最終段階での実戦的指導力を確認し，養成から教職活動へとつなげるためのものといえよう。その意味で，大学での教員養成は，今後，この科目の新設により，これまで以上に，理論と実践の有機的な統合・循環の仕組みを模索することが求められることになると思われる。

【1～3 浜田　博文／4 5 牛渡　淳】

注

（1）ただし，2009年に施行された教員免許状更新制度は，長年にわたって構築されてきた既存の研修システムの有効性に対する確かな検証もせず，「研修」とは異なる強制的な「更新講習」を課すもので，多くの問題を内包している。詳しくは，『学校の「自己評価」機能を促進する組織的要因に関する研究（資料）』（日本学術振興会科学研究費補助金基盤研究（C），研究代表者：浜田博文），2009年3月，45-56頁を参照。

（2）ドナルド・ショーン（Schön, D.）（佐藤学・秋田喜代美訳）『専門家の知恵－反省的実践家は行為しながら考える－』ゆみる出版，2001年。

（3）中内敏夫・川合章編『教員養成の歴史と構造』明治図書，1974年，131-141頁。

（4）山田昇「教員養成における教科教育の研究と教育」『教育学研究』（日本教育学会）第48巻第4号，1981年，1-2頁。

（5）国立教育研究所編『日本近代教育百年史第四巻』教育研究振興会，1974年，1445-1448頁。

（6）船寄俊雄・無試験検定研究会編『近代日本中等教員養成に果たした私学の役割に関する歴史的研究』学文社，2005年，11-17，271-278頁。

（7）詳細は，浜田博文「教育刷新委員会における論議」TEES研究会編『「大学における教員養成」の歴史的研究』学文社，2001年，77-97頁を参照。

（8）山田昇「教育刷新委員会におけるアカデミシャンズとエデュケーショニスト」『和歌山大学教育学部紀要（教育科学）』第20号，1970年，87-96頁。

（9）玖村敏雄『教育職員免許法同法施行法解説（法律篇）』学藝図書，1949年，12頁。

（10）西山薫「教育職員免許法の改正論議とその概要」TEES研究会編，前掲書，275-276頁。

（11）http://www.mext.go.jp/component/a_menu/education/micro_detail/_icsFiles/afieldfile/2011/07/13/1286672_01.pdf　2012年2月4日最終閲覧。

（12）横須賀薫「「大学における教員養成」を考える」藤田英典ほか編『教育学年報9』世織書房，2002年，203-225頁を参照。

（13）日本教育大学協会「モデル・コア・カリキュラム」研究プロジェクト『教員養成カリキュラムの豊かな発展のために』2006年3月31日，および，山﨑準二「教員養成カリキュラム改革の課題」『日本教師教育学会年報』第15号，2006年，33-43頁を参照。

（14）Lortie, Dan C., *Schoolteacher—A Sociological Study*, The University of Chicago Press, 1975, pp.61-67.

（15）佐藤学『教師というアポリア』世織書房，1997年，265-286頁。

（16）宮城教育大学『宮城教育大学「教職大学院」の設置構想について』2006年3月，11頁。

考えてみよう

1. 「小学校教員は高等学校卒業程度で十分である」という意見は妥当か。その理由は？
2. 教職の準備教育期間という観点から，自分の大学での学習履歴・計画をとらえ直してみよう。
3. 「優れた授業」を行っていると評価の高い教師の授業ビデオを見ながら，何が「優れている」のか，自分なりに分析し，考えてみよう。

参考文献

TEES研究会編『「大学における教員養成」の歴史的研究』学文社，2001年
日本教師教育学会編『教師をめざす（講座教師教育学Ⅱ）』学文社，2002年
日本教育大学協会「モデル・コア・カリキュラム」研究プロジェクト『教員養成カリキュラムの豊かな発展のために』2006年3月31日（同協会「会報」第92号所収）
佐藤学『教師というアポリア』世織書房，1997年
日本教師教育学会編『日本の教師教育改革』学事出版，2008年

第10章　教職への学び(2)
——教員養成の学び全体から考える

1　教師教育における「理論」と「実践」

1　教職課程の2つの軸，「理論」と「実践」

　教員をめざすうえで，教員免許状の取得は不可欠の要件であり，そのためには大学・短大の教育学部やいわゆる教職課程で学修しなければならない。この教職課程での学びには，どのような特性があり，どのように向き合っていくべきなのだろうか。ここでは，教員をめざす大学での「学び」全体をテーマに，教員になるためのカリキュラム論という切り口で，「実践」「現場体験」「省察」の視点について考えよう。

　教職課程の形態の特徴として，「教養教育→教職専門→教育実習」という枠組みがあげられる。これは，戦後，新教育体制が整っていくなかで，学校教員を専門職として生み出すための，大学の教職課程の基本的な方法原理となった。この枠組みの後半部分である「教職専門→教育実習」の流れのなかには「観察－参加－実習－理論による再構成」という構造が根ざしている[1]。「観察」では，対象の児童生徒をとらえるために，発達や年齢相応の事情についての学びが関連づけられる。そして，次第に学校現場への「参加」の度合いを高め質を深めながら「実習」を経る。いよいよ仕上げとして，「理論による再構成」が求められる。一連のこの流れは，「『実践から理論へ』『行動によって学ぶ』という帰納的な教師教育観」[2]だとみることができる。

　ここで重要なのは，大学キャンパスで学ぶ講義＝座学に象徴される「理論」と，実習校など学校現場での観察・実習に象徴される「実践」の2つの軸があることである。この2軸で対置される構造は，教育の世界だけでなく古典的な

哲学的問いとしてあったものである。この「理論と実践」の問題には必ず，その関係性についての議論がつきまとう。教員養成においても，「理論と実践を結合させる」ことを重視すべきだと考えられてきた。ところが実際には，いまなお教員養成における理論と実践の関係は未解決の課題[3]だといっても過言ではない。

2 「実践」の現状：ブラックボックス化した教育実習と，新たな現場主義

　大学の教職課程で，「実践」という要件がはっきりと具体化する機会は「教育実習」である。この教育実習をめぐる知見について，次の2点を確認しておこう。ひとつは，これまで教育実習に関する意識調査は数多く行われているが，その多くでは，良い意味でのリアリティ・ショックが指摘されたことであろう。「教育実習」の際にインパクトを受けて将来の職業選択を決定した者が多いという肯定的意味づけである。もうひとつは，にもかかわらず，教育実習の過程がブラックボックス化してしまっている[4]という難点の指摘である。たとえば，大学側は実習校に実習生を預ける形をとり，現場の習わしで実習を進める態勢がひろくみられる。そこでどのように理論と実践を結合させるのかについては不問であり，指導については実習校や指導教員の経験則に頼るところが大きいのが実情である。

　さらに，近年，教職課程には，当代の特徴的な動きがみられるようになった。まずは，現場体験を推奨する風潮と体験の機会の爆発的増大がある。たとえば，東京教師養成塾（2004〜）や京都教師塾（2006〜）といった，教育委員会など大学外の主体の主催による「教員養成事業」が全国的に拡大している。また，学社連携の風潮のなかで，学校現場へのインターンシップ事業が広まり，理科や特別支援教育などの各種支援員が各地で配備されるなど，大学生時代に学校現場へ参入する機会が増大している。ただしその動きは，理論と実践の問題は未解明で，丸がかえにしたまま増大しているうえに，その動きは大学の教職課程にまで組み込まれようとしている[5]。

　一方で，近年，教員志望者に求められるのが，さしずめ「○○力」とうたわ

れる力量形成である。昔からある「実践力」や「即戦力」に加え、「教師力」「授業力」等の実体のあいまいな言説が目につくようになった。その内実と妥当性の議論は別の機会に譲るとしても，次のことを押さえたい。すなわち，学校現場に参入することに対していかに対応する資質や力量を前もって備えているかを重視する風潮の強まりと，そのためには現場で実体験を積んでおくことが重宝される，という図式である。これらを括って，「新たな現場主義」と呼んでおこう。その流れに押されるまま，現場へと大挙参入していく教員志望者たちに対して，大学の教職課程はあらためてそのあり様が問われ，理論と実践の問題を位置づけなおす必要に迫られているわけである。

2 実践をどのように意味づけるか
──現場体験のもたらす可能性

1 座学の難点と「臨床の知」

　学問が実生活や実情と切り離された状態を揶揄するのによく用いられるのが，「座学」という言葉であろう。机上の空論とまではいわないまでも，現場のモノゴトに対して，それを大学の研究室や実験室という別の時間・空間で学ぶことから来る違和感や距離感を含意している。たとえば，現場との向き合い方が問われる人類学でも，「安楽椅子のフィールドワーカー」という言い方は，その態度・あり様を否定的にたしなめるためのものであった。研究室から足を踏み出さずに，安楽椅子に腰かけて現地に足を運ばぬまま調査を企てる態勢に対する非難である。

　座学が"座"学であることの所以は，座ったままでいることである。その否定的意味合いは，動けない，固定的な状態にある。それは，流動性や自由であることの対極にあり，拘束的である。ゆえに，対象に近づけない，手に取れない，自在に向き合えないなど，身体性の薄弱化を意味する。結果，それはモノゴトのつながりや流れに鈍感となり，場の論理や状況性を奪われた状態に陥る。場の論理や文脈から切り離され，主体として対象に十分には関われなくなってしまう。

中村雄二郎の『臨床の知とは何か』(岩波新書, 1992年) は, 実践や現場に根ざす英知の再認識を覚醒させ, "臨床的な"アプローチをさまざまな分野に萌芽させていったことで知られる。"臨床の知"とは, 「コスモロジー（宇宙論的な考え方）」, 「シンボリズム（象徴表現の立場）」, 「パフォーマンス（身体的行為の重視）」の3点で表される。場所や空間の一つひとつが有機的な秩序をもち意味をもった領界とみなす, 物事には多くの側面と意味があるのを自覚的にとらえ表現する, ひとはおのずとわが身に相手や自己を取り巻く環境からの働きかけを受けつつ行為し行動するのだととらえる, という考え方である。現場の固有性, 多様な見え方, そして現場に身を置く受動性。中村の知見は, 座学と実践をつなぐ重要な視座と方策を示唆してくれる。

2 教育における「現場体験」の特性

それでは, 教育において座学から実践へとつないでいくこと, すなわち現場体験は, なにをもたらしてくれるのだろうか。それはまず単純に, なによりも実際のあり様を知ることだろう。現実に学校現場でひと・モノ・コトはどのように動いているのか, どのようになっているのか, それら各要素がいかに寄り集まっているのか, そのことに気づき, リアルに知覚することである。

現場に身を置くことで出会える現場的な特性をあげてみよう。ひとつは, 現場の全体性を知ることになる。いかに, その場にいくつもの要素が確認できるか。各業務の瞬間瞬間の多層性, 教員という職務全体のなかでの多層性。あまりもの膨大さと広がりに教員は忙殺されやすいことにも気づけるだろう。

2つめに, 業務の対象となるモノゴトは同時に起きるという同時多発性である。目の前にいるのは, それぞれが独立して個性をもった児童生徒である。教師は, 多数の相手から個別な結果が同時に大量に生じるのを瞬時に扱っている。

3つめに, 複雑性をあげる。どの要素とどの要素が, どこに潜んでいるのか, どのようにあるのか, 一見ではわかりにくく見いだしにくい。逆にそれを瞬時に見通せるほど, その教師は目や耳が利くと肯定的に評価される。

4つめに, 複合性である。ここまであげてきた要素が合わさり, さらに別の

効果や相乗効果を生み出す。それは個々の単純総和ではない。総和が相乗を生み，ときにクラスや学級というかたちで集団による爆発的な原動力をもつくり出す。ときに教師はそれをうまく利用することにも気づくだろう。

5つめに，それらがひとつの全体として動きを生み，そのダイナミズムのなかで，教師は業務を遂行する（全一性）。あちらを立てればこちらが立たなくなる，そういった連なりのなかに教師は身を置きつつ，バランスを取りながら，モノゴトを進める。

では，このような実際のあり様－現場のモノゴト－にどのように向き合っていけばよいのか。一つひとつの局面を小さないくつもの要素に切り分けてとらえるのだろうか。たしかにそれは客観科学の強みである。モノゴトをとらえやすくし，対応関係を明確にしようとする。これはこうしておけばよい，といった知恵を求める。だが，こうした合理化の発想は，学校現場では対象を固定化してとらえることにつながりかねない。教室空間でくりひろげられる児童生徒の学びの営みは，流動的であり，瞬間的であり，一回性のものである。それに対して，何らかの指標やパターン，枠組みを外から持ち込み，当てはめてとらえることは，まさに，そのダイナミズムや複合性の妙や機微を見えなくさせてしまいかねない。魚を見たことのない人々に，釣ってきた魚を見せて，はたして，水中に生きる魚の生態や特徴をとらえることを期待できるだろうか。ソツなくこなす合理的発想が見えなくさせるものもあるのだと心しておきたい。

③ 「省察」と教師の成長
──「習うより慣れ」を超えて

1 「省察」するという行為

現場を体験することは，代え難い強みがある。だが，「習うより慣れ」だけではゆきとどかない。その一因は，体験が，体験する主体にとってまずはひとつの物語として意味づけられて認識されていく特性にある。体験の過程で知覚していくモノゴトは，細かく，色濃く，迫真性が強いリアルな物語で織りあげられる反面，近視眼的で独善的に陥りやすい。ただただ実体験を重ねればよい

わけではない。

　その打開策として注目されるのが，D. ショーンの提唱した「反省的実践家」モデルとしての教師論であり，その認識の特性，すなわち「反省・省察：reflection」(以下，「省察」) である(6)。省察に必要な要素は，① 自らの実践を意味づける試み，と，② 主体者 (＝実践者) の立場・目線から見る試み，である。ある実践に対して「そのことについて考える (think about what they are doing)」「振り返る (turn thought back)」「自問自答する (ask themselves)」といった自らを問い直す目線が，教師の専門性や力量向上の重要なカギと考えられている。

　この省察は，どのようにして学び，身につけていくことができるのだろうか。たとえば，「ひとつの事象を多面的に理解してみる」試みが重要であろう。あるモノゴトが，こう見えた，こういう意味にとれた，ところが，立場を変えれば，こうだったかもしれない，別の意味にもとれるかもしれない，と見直す試み。それは現実に対する理解を豊かにする問い直しである。さらにメタ的に，どう視線を変えたからそのように意味づけを変えられたのか，を問うてみればよい。するとその視線の変化を生み出すもともとの価値や準拠枠は何なのか，児童・生徒観，学校観，授業観，教師観等の存在やちがいに遡る理解が必要となるし，ひいては人間観や人生観までをもとらえ直すことに至るかもしれない。

　このような考え方は，何の役に立つのだろうか。それは教師にとっての引き出しを増やすことになる。教師の即興性につながり，より妥当性の高い処方を選びとっていくための参照枠になる。児童・生徒をとりまく日々の生活や現実，そのなかで日々進展していく学び，これらは一様にはとらえられない。その個別性をくみ取るためにより多彩なすべをもち合わせておくことが，教師のあり様をより太く豊かにしてくれる。ショーンも「わずかな種類の事例について数多くのバリエーションを経験するので，自分の実践を"実践"することができる」(7)という。

　もうひとつは，「間を置いてみる」ことの試みである。日常の現場では，ある体験・実践について，すぐには腑に落ちず，判断保留するしかないことが多々ある。今回はこう処理したものの，それが"正解"であったかどうかなどだれ

にも判断がつかないこともある。しかもそれは「いま」「ここで」起きることであり，次々と現れては過ぎ去っていく。それを，一旦保留し，寝かせておいたものを，時が経ち，また経験を重ねたなかで見直すこともまた必要なのである。

「間を置くこと＝寝かせる」ことは「極端化を避ける」ことにもつながる。間を置く，あるいは突き放してみることで近視眼を避ける。反省的実践家の省察は「reflection-in-action」（動きのなかで／動きながら考える）という特性をもつからこそ，それを鍛えるためには，その渦中から身を引き離し間を置いてみること，「reflection-on-action（動きについて考える）」を併用したい。そのときの咀嗟の判断について，その理由づけ（よき意味での"言い訳"）を鍛えていくことにつながる。「事後的省察」「同時的省察」[8]とも語られる省察の2つの顔を効果的に駆使できることが大切である。

2 教員養成に「省察」することを位置づける

省察すること，すなわち，実際に実践の意味を問い直していくには，自らの実践を問い直す手がかりや足場が必要である。その意味で，まず，他者の目が重要な手助けとなる。なぜならば，そこには視点の置き方のちがい（範囲＝広さや深さ），見え方のちがい（とらえた特性），角度のちがい，などの質的な差異があり，それぞれのもつ意味や効能が示唆的であり有効だからである。チェックリスト法やポートフォリオ評価，授業日誌法などの多彩なアセスメントの方法があり，その具体的な方策として有用だと考えられている[9]。

他者の目を活かした方策として，実際の教員養成課程では，実習生や学生といった当事者同士が語り合い，互いの知見を交換し合う活動が散見される（「ふりかえり」とも称される）。生田孝至は，「間主観」的アプローチを事例に引き，「自分の主観を他人の主観に照らし合わせて」それぞれの主観の語るものを問い直す方策の有効性を説いている[10]。実践者は，個々の主観をつき合わせ，自分が行った実践の意味を問い直すことができる。ただし，さらなる問題もある。それは，同じレベルの者が，未熟さや経験の浅さをもて余しながら持ち寄

る語りを，どう深められるのかという問題である。実習後のふりかえりや実習生同士の反省会などに潜む問題点であるが，同じレベルで傷を舐め合うにとどまってしまう恐れがある。ならば，そこに，いかに同レベルではない他者の目を"他山の石"として準備するかが大きなカギとなるだろう。

　もうひとつは，実践を通しての時間的流れをふりかえる，すなわち，大局的な目線が有用となるだろう。それは，自らの体験や実践を省察するうえで，いかにその全体に迫ることができるのか，という問題でもある。実践から学ぶ手がかりとして古来伝統的な「わざ」の習得プロセス[11]を例に取ろう。その機微は「模倣－繰り返し…習熟」というプロセスで示される。分けて練習（＝部分を知る）し，通して繰り返す（＝全体を知る）。ここに，"通してみる"という全体性へのカギがある。おもしろいことに，ショーンも「専門家の実践は繰り返しという要素を含んでいる」と述べる[12]。たとえば弘前大学教育学部では，教員養成学を標榜し，現場体験を組み入れた挑戦的な試みを続けている。その課程は，D.コルブの経験学習のサイクル理論に基づいて「実践⇔省察の往還」を基盤としている[13]。繰り返すことは，自らの経験や実践を全体として吟味し直すことにつながるだろう。

　このような全体への問い直しを支えるうえで，その一連の学びをデザインするのに一貫性をもたせることに留意したい。たとえば，藤枝静正の描き出す「理論・実践サイクル」[14]が参考になる。それは「①日常的実践→②反省的実践→③実践的理論（経験知）→④科学的理論→実践」という構造で示される。ここでいう「実践」は「慣習的行動」とは明確に区別されており，より高次な教職への学びが拓かれるのにつながるものである。実践と理論に一貫性（芯や軸になるもの）をもたせながら[15]意識化・活性化することでこそ，理論と実践の有意義な関係の創造が期待できるだろう。実際の教員養成のプロセスのなかに，それに寄り添いその学びを支えていく手だてが準備され供給される必要があるだろう。学びにともに付き添い支えながら，随時助け船を出していくコーチングの手法やメンターという役割[16]が参考になる。教職課程の各段階が分断された寄せ集めでは，省察という教師の仕事に必要な目を育てることはかなわな

いのではないだろうか。

　藤枝静正は，教育実習学としての教育実習論を論じるなかで次のように語る。「実践的指導力の養成が単なる即戦力養成に矮小化されるようなことがあってはならない」[17]。そのためには，「統合の軸」[18]を保ちながら，養成課程のなかに実践と理論が位置づけられていく必要がある。それは，システムとして養成課程に組み込まれているべきであると同時に，そこで学ぶ者もその内面で意識してつなげ結びつけながら臨んでいく心がけが不可欠である。自分が実践者として関わっていくことを学ぶとは，主体的な学びとは，そういうことを意味するのである。いま一度，中村雄二郎の言葉を借りて本章を締めくくろう。「実践とは，各人が身を以てする決断と選択をとおして，隠された現実の諸相を引き出すことなのである。そのことによって，理論が，現実からの挑戦を受けて鍛えられ，飛躍するのである。実践が理論の源泉であるというのは，そのような意味で考えられるべきなのである。」[19]

【矢野　博之】

注

（1）　北神正行「教育職員免許法「専門職制の確立」理念の具現化過程」TEES研究会編『「大学における教員養成」の歴史的研究－戦後「教育学部」史研究－』第Ⅰ部第4章，学文社，2001年。
（2）　同上書，143-144頁。
（3）　藤枝静正『教育実習学の基礎理論研究』風間書房，2001年，113頁。
（4）　同上書，92-93頁。
（5）　矢野博之「教員養成事業と大学との連携にみる教員養成問題－東京地区における私立大学の事例研究から－」全国私立大学教職課程研究連絡協議会『教師教育研究』2009年。
（6）　D.ショーン（佐藤学・秋田喜代美訳）『専門家の知恵　反省的実践家は行為しながら考える』ゆみる出版，2001年（Schön, D.A., *The Reflective Practitioner How Professionals Think in Action*, BASIC BOOKS, 1983.）。
（7）　同上書，103頁。
（8）　山口美和「プロセスレコードと反省の構造－教師の自己言及性をめぐって－」臨床教育人間学会編『リフレクション（臨床教育人間学2）』東信堂，2007年。
（9）　梶田正巳編『授業の知　学校と大学の教育革新』有斐閣選書，2004年，214頁。
（10）　同上書，161-180頁。

(11) 生田久美子『「わざ」から知る（認知科学選書14）』東京大学出版会，1987年．
(12) D. ショーン，前掲書，102頁．
(13) 遠藤孝夫・福島裕敏編『教員養成学の誕生　弘前大学教育学部の挑戦』東信堂，2007年．大谷良光・平井順治・福島裕敏「新科目「教員養成総合実践演習」と学校サポーター活動の往還により教師力を養成する試み」『教員養成学研究』第2号，弘前大学教育学部・教員養成学研究開発センター，2006年．
(14) 藤枝，前掲書，482頁．
(15) 矢野博之「「現場で学ぶ」ということ－千代田区立九段小学校・幼稚園との連携事業を事例に－」『児童臨床研究センター研究報告第13巻　現場から学ぶ』大妻女子大学児童臨床研究センター，2007年．
(16) 別惣淳二「教育実習の反省と自己研修課題の発見」有吉英樹・長澤憲保編『教育実習の新たな展開』ミネルヴァ書房，2001年．D. レナード・W. スワップ（池村千秋訳）『「経験知」を伝える技術　ディープスマートの本質』ランダムハウス講談社，2005年．
(17) 藤枝，前掲書，483頁．
(18) 横須賀薫『教員養成　これまでこれから』ジアース教育新社，2006年，130-134頁．
(19) 中村，前掲書，70頁．

考えてみよう

1．これまで教育や授業について学んできたことを，時系列に書き出し，項目ごとにまとめて，ラベルをつけて整理してみよう．
2．同じ仲間や先達の学びと照らし合わせながら，自分の"気づき"の特徴を描き出してみよう．
3．学校現場での体験がある人は，そこで気づいてきたことを，大学での学び（講義や演習，ゼミナールなど）と照らし合わせ，どの項目はどの学びに結びつくか位置づけてみよう．

参考文献

鈴木秀一・倉賀野志郎・釧路教育大学の学生たち『"卵"教師たちの挑戦』高文堂出版社，2003年
佐伯胖『「学び」を問いつづけて－授業改革の原点－』小学館，2003年
有吉英樹・長澤憲保編『教育実習の新たな展開（MINERVA教職講座15）』ミネルヴァ書房，2001年
ほか，教師や実践者が書いた実践記録や自分史を事例に，迷ったり切り拓いていった様子や考え方の移り変わりを読み解いてください．

第11章 学びつづける教師

1 教師としての成長

1 「弱点」の自覚と向上への意欲

　日本の教員免許状それ自体は，教育職員免許法に基づいて各大学が設けている所定の科目の単位を修得することで取得できる。この「免許」というものの本質は「政府による入職許可」である。そしてその後に各人事権者（都道府県・政令指定都市の教育委員会など）が行う教員採用試験にパスすれば，教育公務員としての身分を得て実際に教職に就くことができる。しかしながら，「免許を取る」→「採用試験にパスする」はあくまでも教職のスタートであってゴールではない。

　2010年の大学入学者から適用されている「教職実践演習」の主なねらいは，この免許取得‐入職に際して，それぞれの学生が大学での学び全体を振り返ることにある。当然それは，それ以前の自分の学びに何が欠けていたかを確認することから始まる。たとえば私立大学の文学部教育学科で小学校の免許状を取る場合，理科系科目の学修は手薄になりがちである。そもそも「理科が苦手だから」私立大学の文系学部を志望し，高等学校でも理科の授業をあまり受けず，大学入試でも理科を避けてきた，ということもあろう。ところが小学校で3年生以上を受けもつことになれば当然，天体の動きも植物の観察もバネや滑車も水溶液の性質も授業のなかで扱うのである。同様に，法学・政治学・経済学系の学部で中学校社会科の免許状を取る場合，地理的分野・歴史的分野の学修は手薄になりがちであるが，当然のことながら中学校社会科ではすべての分野を扱う。このように，自らの学びを振り返って，教師としての実際の仕事に引き

比べてみた時，それぞれの弱点と今後の課題が見えてくる。

　在学中に学校現場と関わるような実践的プログラムを豊富に経験し，子どもとの触れ合いは多かったものの，振り返ってみれば4年間の大半を大学と学校のなかで過ごし，学校関係者と子どもたち以外の人との付き合いがほとんどなかったというようなケースは，上述のものと比べて，入職後に克服することが難しいといえる。入職後には日々の仕事に追われ，じっくり見聞を広める機会を得ることが学生時代と比べて難しく，その一方で外の物事を柔軟に吸収する新鮮な感性は次第に衰えていくからである。とはいえこれとても，弱点を自覚することから，今後に乗り越えるべき課題が見えてくるのである。

2　「臨採」「非常勤」というキャリア

　国立の教員養成系大学の教員養成課程にしろ，一般大学の教職課程にしろ，それぞれの実績を外向きに示す目安としてよく「採用実績」の数字が示される。この数字は通常，正規採用者だけでなくいわゆる「臨採」「非常勤」としての雇用も含んでいる。この背景には，数字を大きくアピールしたいという各大学の思惑や，雇用形態が多様化して正規採用と臨時的任用との区分が難しくなっているといった労働力市場の事情（第5章参照）などがある。ともあれ，大学を卒業して教師としての仕事を始める時点で，安定的な雇用が確保されていないことは珍しくない。ちなみに2011年3月に国立の教員養成系大学・学部の教員養成課程を卒業した者は10,479名，うち教員としての職を得た者は6,494名（62.0％）であるが，その内訳を見ると正規採用が3,820人（35.5％），臨時的任用（いわゆる「臨採」「非常勤」）が2,674人（26.5％）となっている[1]。特に近年，市町村単位で独自に教員を雇用するケースが見られるが，それらは基本的に臨時的任用である[2]。また，私立学校教員の労働力市場はさらに多様性を増しており（それゆえ上述のようなまとまったデータは得にくい），人材派遣業者を通した派遣や，期限付きの雇用が相当部分を占めている。

　この「臨採」「非常勤」的な身分は，キャリア形成の面から見て辛い時期でもある。大学のキャリア支援は「就職まで」のサポートが主体で，すでに卒業

して職を得た者に対するサポートは手薄になりがちである。一方、行政側から見れば正規採用ではないので、初任者研修など各種の研修行政によるサポートの対象にもなりにくい。その一方で給与等の待遇は低く、身分の安定もない。産休・育休・子の看護の休暇などがこうした身分において取りにくいということは、教職キャリアだけでなくライフキャリア全体に影響する。生活を維持するためには他のアルバイトもしなければならない場合も多い。教職での身分の安定を求めるなら採用試験を受けることとなるが、そのためには学校現場での仕事と並行しての受験勉強も余儀なくされる。教師として、社会人として未熟な時期でありながら、外からのサポートが得にくいのである。裏を返せば、こうした時期にこそ、それぞれの置かれている状況を自分で見据えながら、自ら課題を発見してキャリアアップにつなげていけるか否か、の真価が問われるのである。

3 「学習指導要領」と教師の仕事

　日本の初等・中等教育に携わる教師たちがそれぞれの学校で子どもたちを相手に行う指導のガイドラインは、文部科学省が公示する「学習指導要領」（幼稚園の場合は「幼稚園教育要領」）に述べられている。日本で教職に入職する際にまず求められるのは、この「学習指導要領」についての理解と、それに基づいた指導を実際にすることである。採用行政サイドや学校現場サイドから新人教師に対して求められる「即戦力」の基本はここにある。当然、いくら大学で専門の学識を深めても、実際に検定教科書を使って子どもたちにそれぞれの教科、それぞれの単元の学習内容をきちんと教えられなければ教師として役立たずだ、ということになる。

　ただ、教師にとって「学習指導要領」は、必要条件ではあっても十分条件ではないことに注意が必要である。政府が示しているのは国内の初等・中等教育の在り方の公約数的な部分を括って設定した当座のガイドラインという以上のものではない。この「当座のガイドライン」は絶対的なものではなく、教科の枠組みも、教育内容も、授業時間数もその時々で変わりうる。そうしたことを

踏まえて，それぞれ目の前にいる子どもたちがその時々で何を学ぶべきかを見据えて教育的サポート＝指導を具体的に行っていくのは，究極的には個々の教師たちなのである。いつの時にも教師は，「子どもは何を学ぶのか」の全体像を見据えたうえで，そのなかでそれぞれがなすことの意味合いを考えて指導を行っていく必要がある。

　学習指導要領はその性格からして，同時代的な教育実践をリードし得ない。たとえば情報化が進展してきたことに対応して教科「情報」が設けられ（1998年，高等学校），国際化が進展してきたことに対応して「外国語活動の時間」（2008年，小学校）が設けられる，といった後追い的な変化はあっても，来るべき教育課題を予想して「先取り」するという改訂はなされ得ない。だから，学習指導要領に盲従しているだけではなく，それを踏まえたうえでさらに一歩突き放して，同時代的な教育課題との関係で教育実践を行っていくのが教師本来の姿なのである。

4　「学び直す力」「学びつづける力」

　教師として入職してから離職するまでのキャリアのうちには，教育現場に大きな変化がある。20歳代で入職して定年近くまで勤め続けることを想定した場合，その30年のキャリアのうちには学習指導要領は3回程度変わる。子どもたちを取り巻くメディアのあり方も大きく変わる。勤務校が異動すれば周辺の地域性や子どもたちの様子もそれぞれ異なる。同じ学校に勤務し続けても，キャリアを積むうちに子どもたちや保護者との関係性も変わってくる。入職後間もない頃は子どもたちの「兄貴分」「姉貴分」だったのが，やがて親と同世代になり，定年間際には祖父母の世代に近づく。教職キャリアのなかではさまざまな変化があり，それは予測がつかない。

　小学校の家庭科がひとつの典型例であろう。教職課程では他の教科と同じく家庭科の教育法も当然学ぶが，小学校に職を得ても実際に家庭科を教えるのは，専科教員が配置されない学校で高学年を担任するケースだけである。だから小学校の現場で二十年ぶりに家庭科を教えることになる先生，というのは珍しく

ない。当然，その間には教科内容は大きく変わっている。これほど極端ではないにしても，教職キャリアのなかでは教育委員会などの行政部局に出向したり，産休・育休などを取ったりして，一時的に数年間教育現場を離れることは珍しくない。その後「久しぶりに教壇に立つ」時に，それぞれの教師が「自ら学び直す力」をもっているか否かは重要なポイントである。

2　「ノン・マニュアル」としての教師

1　「マニュアル依存」からの脱却

2011年3月11日に東日本の太平洋岸を中心として大きな被害をもたらした地震が，学校教育のありように突きつけた課題は深くかつ広汎で，今後に慎重に見定めていく必要があろう。ただ，教師の仕事に関わる重要なポイントとして，マニュアルの整備による対応には限界があることを改めて思い知らせてくれるチャンスであったことは確かである。実際，被災地の学校のほとんどには防災マニュアルが整えられてはいたものの，それらが想定していない規模の津波を前にして，それぞれの教師たちは子どもの安全をどう確保するか，否応なく自ら主体的に判断し行動せざるを得なかったのである。さらにその後の放射能の影響については，未曾有の事態に際して何を以て安全とするかのボーダーそのものが明確でなく，マニュアルそのものが十分に作り得ていない。マニュアルのないところで自ら判断したことについての責任は教師にあり，賞賛されたり，批判されたりもすることになる。

マニュアルというものは，それまでにやってきたことを踏まえて今後にあり得る事態を想定し，そのなかで定式化すべき部分の対応を括って作っているものである以上，未知の事態には対応できないという宿命をもつ。とくに日本の教師の場合，その職務の「無境界性」「無限定性」（第4章参照）も相俟って，定式化ができる部分が比較的少ない。「マニュアルにないからわかりません」「指示を受けていないからわかりません」という言い訳は，自律的に教育実践を行う教師には許されまい。

この点で，国レベルの教員資質の保証策が，逆にマニュアル依存の教師を増

やしているいくつかの皮肉な事例を視野に収めることは重要である。早くから教師の職能基準を設定し，国家による質管理を強めてきたイギリス（第4章参照）や，近年の教員養成教育の「開放制」化が進んだ結果として教員資質の不揃いが生じ，その解決策として全国統一の教師資格認定試験を導入した中国（メインランド）などでは，それらへの対応・対策のハウツーを記したマニュアル本が夥しく出回っている。こうした国レベルの教員資質の保証策は教師になる者の知識・技能などについての最低ラインを保つうえで一定の効果をもつが，それらが過剰に行われることは，逆に本来あるべき「自ら学び，自ら判断する教師」をスポイルしてしまいかねない危険性をも併せもつ両刃の剣なのである。

2　「大学における教員養成」の再確認

　このことに関わって，教員養成の場が「大学」であることの意義は大きい（第9章参照）。「大学」と「専門学校」の違い，あるいは「高等教育（higher education）」と「第三段教育」「中等後教育（post-secondary education）」の違いについてはさまざまなとらえ方がある（第9章参照）が，少なくとも教員養成の場としての「大学」が，かつてTEES研究会が整理したように，以下の特質をもつことへの異論は少なかろう。

　　「大学における教員養成」の意味を考えるとき，わが国での教員養成制度の展開においては次の3点を指摘することができる。第一に，教員養成が第三段教育で行われるようになったこと，第二に教員養成が学問の自由や研究に裏打ちされた教育として行われるようになったこと，第三に「大学の自治」が教員養成に適用されるようになったこと，である[3]。

　このうち第一の点については，初等・中等教育を修了した後の養成機関で行われるという水準の問題であり，説明の要は少なかろう。大学で行われる教員養成教育の中身に関わる重要なポイントは，第二の点にある。研究とは，有り体にいえば「未知の事象を自ら解明する試み」である。第一線の研究者とは，

それぞれの分野における課題について「これまでに人間はここまで解き明かしてきた」ことの最前線を踏まえたうえで，さらにその先を探究しようとする，ギリギリの位置に立って研究活動を行っている者を指す。そうした真の研究活動は「既知の，解明された事象」を体系立てて子どもたちの学びに向けて示すという教師の仕事とは正反対のベクトルをもつ。ただし，大学においては，そうした研究活動と，大学における教育活動とは不可分に結びついている。研究者である大学教員が，それぞれの課題について「これまでに人間が解き明かしてきたこと」の最前線を学生たちに示すとともに，その先の未知の事象の解明をともに行っていくところが大学なのである。こうした場で教員養成が行われるということは，教師になる者にとって，「ここまでやればよい」というゴールがないことを意味している。それは，教職キャリアのなかで未知の課題に出会った時に，それへの対応を「教わっていないからできません」というのではなく，自らその課題に臨む姿勢へとつながっていく。その主体性を裏打ちするのが第三の点，すなわち「大学の自治」「学問の自由」なのである。

　資格取得や就職指導をゴールとする専門学校は，既存の資格システムや，採用システムから自由でなく，そのシステムに忠実な学生を送り出すことにアイデンティティをもつ。それゆえシステムの拡大再生産に寄与する性格をもつ。大学はそうではなく，システムを見据えたうえでその先の真理を自ら切り拓いていく人間の育成をゴールにしているのである。多くの大学人が，大学教育のなかに採用試験対策をダイレクトに持ち込むことへの抵抗感を抱くのは，こうした事情に起因している。

③ 公教育の「システム」と教師

1　学校の意思決定システム

　おおむね 1980 年代以降の，新自由主義を背景とした学校改革は，それぞれの学校に対して，それぞれの地域や子どもたちなどの状況に根ざしながら特色や独自性を打ち出していくことを求めるようになっている。それにともなって，学校の意思決定システムも少しずつ変わってきつつある。

1960年代に交わされた「学校単層構造論」「学校重層構造論」をめぐる論争（第4章参照）は，学校の意思決定の在り方にも密接に関連する。フラットな「単層構造」で各メンバーが横並びの存在ならば，それは「一人一票」に近い形での合意形成に結びつきやすい。一方「重層構造」では，経営層－管理層－作業層というラインが形成され，トップのリーダーシップに基づく指揮・命令系統がなじみやすい。

　こうした観点から日本の学校に関わる制度的な規定を振り返ると，「重層構造」論をベースにしたトップダウン型の指揮・命令系統が整備されてきたことが見て取れる。1974年の学校教育法施行規則によって，「教頭」が校長を補佐して学校の経営にあたる者として位置づけられ，続く1975年の文部省令で「主任」が制度化された。この考え方はその後2007年に改められた学校教育法につながっており，そこでは「副校長」（教頭に代えて置く，あるいは教頭と副校長を併置する）や，「主幹教諭」「指導教諭」[4]といった新たな職位が設けられた。また，1990年代後半に学校の意思決定をめぐる混乱が起こって卒業式や入学式に支障を来すケースが頻発したことを受けて，2000年の学校教育法施行規則では「職員会議は，校長が主宰する」ものであるとされて，議決機関としての意味合いは失われることになった。結果的に，「経営層（校長＋副校長・教頭）」－「管理層（主任，指導教諭・主幹教諭）」－「作業層（その他一般教員）」というラインと，経営責任者としての校長の意思決定に関わる諮問機関・補助機関としての職員会議の位置づけが定まっている。

　こうした位置づけによって，特色ある学校づくりに向けての機敏な意思決定が容易になったといえるが，その一方で合意形成を軽視して強引にトップダウン的な学校運営をする校長を生み，また自ら主体的に教育活動を展開しようとする教師を疎外した（あるいは教師それぞれが教育活動を主体的に組み立てる意識を殺いだ）ことも否定できない。しかしながら，学校の意思決定の在り方はこのように変質してきており，今後に変化の可能性もあり得る。また，実際の運用場面においては，校長が教員たちの意向を尊重して自らの判断を下すといったように，一般の教員たちの意向が学校の意思決定に相当に影響するケースも珍

しくない。

　教職のキャリアを積むなかでは、それぞれの場面で、それぞれの立場から学校の意思決定に参画する経験を多くもつことになる。そして公教育システムのなかに学校が位置づいている（第1章参照）以上、そのシステムを踏まえた立ち回りが要求されることはいうまでもない。

2　何のためのシステムか

　日本人小説家の村上春樹は、2009年2月15日にイスラエルの文学賞「エルサレム賞」を受けた時のスピーチ[5]のなかで、生身の個人と体制（システム）との関係を卵と壁に喩え、小説家としての自分の立ち位置についての決意を「高く強固な壁と、それにぶつかって割れる卵があるなら、私は常に卵の側に立つ」と語った。そして村上は「どれだけ壁が正しくても、どれだけ卵が間違っていようとも、私は卵の側に立つ。何が正しく、何が間違っているかは、他の人が決めること。おそらく時間や歴史が決めるのでしょう。しかし、どんな理由であれ小説家が壁の側に立った作品を書いたとしたら、そんな作品にいったい何の価値があるというのでしょうか」と続けている。

　ここでの「小説家」を「教師」に置き換えるなら、「卵」は一人ひとりの生身の子どもになろう。システムと子どもが対峙している状況下で「どんな理由であれ教師がシステムの側に立った実践を行ったとしたら、そんな実践にいったい何の価値があるというのでしょうか」と引き取ってみれば、システムと子どもとの関係における教師の立ち位置が見えてきはしまいか。公教育システムは子どもたちのためにあるのであり、システムのために子どもたちがあるのではない。ただ、その単純な真理は、システムに習熟し、システムの上に行けば行くほど顧みられなくなりがちである。いつの世も、教師の仕事の基本は、まず子どもの実相を見据えることにある。そのことを常に念頭に置いて、教育実践に臨みたいものである。

【岩田　康之】

注

（1） 文部科学省「国立の教員養成系大学・学部（教員養成課程）等の平成23年3月卒業者の就職状況について」（報道発表資料）2011年12月27日。
（2） 一例として，埼玉県志木市による独自の少人数加配「ハタザクラ教員」などがある。ここで雇用される「常勤講師」の待遇は，「臨時職員」としての扱いである。http://www.city.shiki.lg.jp/52,3184,211,905.html
（3） TEES研究会編『「大学における教員養成」の研究』学文社，2001年，414頁。
（4） これに先立って東京都では，2003年から独自に「主幹」の制度化を行い，一般の教諭とは別の給与表を設定しているなど，ローカル・ルールを設ける先行的な動きがある。
（5） 『AERA』2009年3月2日号，朝日新聞社，82頁。

考えてみよう

1. 同じ教員免許状を取得するための学びは，大学ごとにどのくらい異なっているのだろうか。またその違いはなぜ生じるのだろうか。
2. 教員養成が「大学」で行われることの意義は何だろうか。また「大学」と「専門学校」の違いは何だろうか。
3. 学校の意思決定において，それぞれの教師が心がけるべきことは何だろうか。

参考文献

大田直子『現代イギリス「品質保証国家」の教育改革』世織書房，2010年
鎌田慧『教育工場の子どもたち』岩波現代文庫，2007年

索　引

あ

アカデミシャン　164
アクレディテーション　28
新しい学力観　116,120
安倍晋三　36
アメリカ　81
イギリス　73,196
生田孝至　187
意思決定　88,198
一条校　16,18,49
伊藤和衛　89
稲垣忠彦　153
居場所　61,66
EU　110
岩田康之　74
ウィッティー，G.　73
ALT　57
エデュケーショニスト　164
FA制　102
往還　167,168,188
岡東壽隆　143
小野田正利　127

か

外国語活動の時間　38,54,194
外国語指導助手　57
介護等の体験　95
海後宗臣　38
開放制　20,25,26,39
カウンセリング・マインド　53
学芸大学　165
学習観の転換　120
学習指導要領　17,120,146,193
学習履歴　169
学童保育　62
学問の自由　161,197
価値葛藤　160
学校運営協議会　87
学校基本調査　49,108
学校教育法　16,49,90,124,198
学校週五日制　43,84
学校における教員養成　76,78

学校評議員　87
家庭教師　19
課程認定　26,27,28,166
家庭訪問　81
過労死　50,126
川嶋稔彦　153
川村光　150
韓国　28
観察　181
間主観　187
管理主義　122
管理層　89,198
技術者としての教師　41
規制改革　31
規制改革・民間開放推進会議　31,39
義務教育費国庫負担　106
教育委員会　86,88,102
教育改革国民会議　135,140
教育基本法　113,138
教育公務員特例法　103,131,132,136,138,139,142
教育再生会議　36
教育刷新委員会　163
教育実習　28,78,162,172,174,177,181,182
教育実習公害　28
教育実践　167,169,170,171,176,194,199
教育職員免許法　16,21,26,94,165
教育職員養成審議会（教養審）　21,40,113
教育を受ける権利　161
教員　15,51,98,101
教員勤務実態調査　119
教員の地位に関する勧告　91,107,137
教員評価　91,139
教員文化　128
教員免許更新制　36,94
教員養成課程　26
教員養成系大学　26,192
教科外指導　121
教科指導　40,82,119
教科に関する科目　166
教科又は教職　21
教師　15
教師教育者　1

教師資格課程　27
教師集団　154
教師塾　104
教師の役割と地位に関する勧告　72,124
教師の倫理綱領　42
教師文化　82,83
教職アイデンティティ　150
教職開発学校　177
教職課程　26
教職実践演習　178,191
教職大学院　178
教職に関する科目　166
教職の意義等に関する科目　21,39
教師＝労働者論　43
教頭　50,90,198
協働　141,156
勤務時間　142
勤務評定　140
久冨善之　128
久保齋　121
グローバル化　46,109
経営層　89,198
現業職員　59
研修　125,136,138
県費負担教職員　106,125,134,135
兼務者　105
権力性　44
小泉純一郎　31,106
行為のなかの省察　160,187
講師　52,105
校長　89,90
高等師範学校　162
公僕としての教師　41
公募制　102
校務　124,151
校務分掌　52,122
国民学校　112
コーチング　188
コーディネーター　72,125
子どもの権利条約　87
コミュニティ・スクール　87
雇用者　100
コールバーグ，L.　154
コルブ，D.　188

　　　　さ

再帰性　113,119
再専門職化　73

採用試験　103
採用の密室性　104
裁量権　24
酒井朗　146
座学　183
作業層　89,198
佐藤ナンシー　81
佐藤秀夫　15
佐藤学　41,75,85,120,153,155
参加　181
三位一体改革　106
資格認定試験　28,95,196
市場主義　73,79
実践　181,182
実践的指導力　40,46,71,105,159,169,175
質保証　28,80
指定都市　102
指導改善研修　37,39,136
児童館　63
指導教諭　51,91,198
児童厚生員　63
児童福祉法　62,63
指導力不足教員　36,135
師範型（師範タイプ）　39,163
師範学校　25,26,38,162
事務職員　58
使命感　21,38,112
社会性　38,69
重層構造論　89,198
10年経験者研修　142,150
主幹教諭　51,91,198
授業研究　153
塾　31,54
主任制　89
商業ジャーナリズム　34
常勤講師　52,105
条件附採用　126
職員会議　89,90,198
職業としての教師　20
職能成長　137
女性教員　99
初任者研修　114
ショーン，D.　42,160,186,188
私立学校　100,102,192
私立大学　26,191
人事考課　140
人事交流　102
新自由主義　43,90,197

索引

数値目標　43
スクールカウンセラー　58
スクールソーシャルワーカー　35,58
スーパーティーチャー　51
スポーツ国際交流員　57
諏訪哲二　32
生活指導　52
省察　42,160,167,168,186
聖職的教師観　41,44
生徒指導　82,83,85,121
全一性　185
選考　103
全体の奉仕者　131
全米教育大学協会　28
専門家としての教師　41
専門職　23,72,73,86,91,100,122,169
専門職性　72
専門性　71,80,168
専門性基準　75
専門的自律性　160,168
総額裁量制　106
総合的な学習の時間　57,149
即戦力　56,159,193

た

タイ　27
大学　161,196
大学における教員養成　25,159,196
大学の自治　197
体験　167,168,172,184
台湾　27
高井良健一　150
ターゲットとしての教師　35
脱専門職化　73
多文化共生　46
多忙化　50,60,83,84,128,143
男女雇用機会均等法　109
単層構造論　89,198
地域　45,67,149
地域教員養成機構　78
地方公務員法　59,131,132
中央教育審議会　40,113,129,139,141,178
中国（メインランド）　27,196
懲戒　133
塚田守　150
ディーセント・ワーク　43
ティーチング・アシスタント　79
デモ・シカ教師　20

デュルケーム，É.　155
ドイツ　82
東京教師養成塾　104,168,182
同僚性　128
特別支援学校　95,118,125
特別支援教育　152
特別支援教育コーディネーター　125,127
特別非常勤講師　97
特別免許状　36,97
都道府県　102,134

な

内申書（調査書）　24
内申書裁判　24
中村雄二郎　184,189
担い手としての教師　35
日本教師学学会　18
日本教師教育学会　18
日本教職員組合（日教組）　42
日本国憲法　161
ノン・マニュアル　195

は

発達課題　44
ハラスメント　45
バーンアウト　84,114,128,143,147
反省的実践家　41,186
東アジア　23
東アジア的学力　32
東アジア的教師　74
ピーク制　166
PGCE　27
非常勤講師　52,105,192
PTA　60
PDS　177
評価　28,50,54,69,91,176
開かれた学校づくり　72,128,149
ピラミッド　51
ファシリテーター　72,125
部活動　55,116,122
副校長　50,91,198
服務　131
服務義務　25
藤枝静正　188,189
藤岡完治　120
普通免許状　94
不適格教員　36
フラット　51,198

フリードソン, E. 72
プロフェッショナル・スタンダード 75-78
分限 133,134
分掌 124,151
ホイル, E. 72
放課後学習チューター 65
放課後子ども教室 65
放課後子どもプラン 65
放課後児童クラブ 62
保坂展人 24
ポートフォリオ 187
堀内孜 143
香港 27
本務者 52,99,105

ま

マスコミ 31,33
学びからの逃走 21,45
学びの共同体 42,155
マニュアル 84,195
三沢豊 112
ミドルリーダー 51
民間人校長 90,98,150
無境界性 82,113
無限定性 82
宗像誠也 89

村上春樹 199
村上陽一郎 23
乳母 19
免許状主義 94
メンター 188
モンスター・ペアレンツ 34,60,126

や

八木英二 85
山﨑準二 150-152
山下英三郎 35
山田哲也 128
油布佐和子 147
予備校 31,54

ら

ライフコース 145,150
reflection-in-action 160,187
理論 181
理論と実践の統合 178
臨時教員 105,107
臨時的任用 107,192
臨時免許状 95
臨床の知 170,184
労働力市場 22,109
ローティ, D.C. 170

シリーズ編集代表

三輪　定宣（みわ　さだのぶ）

第2巻編者

岩田　康之（いわた　やすゆき）

　　　　1963年　東京都生まれ
　　　　東京学芸大学教授（教員養成史，教師教育カリキュラム）
　　　　主要著書（共著）　TEES研究会編『「大学における教員養成」の歴史的研究』学文社
　　　　　　　　　　　　　久冨善之編『教師の専門性とアイデンティティ』勁草書房

高野　和子（たかの　かずこ）

　　　　1954年　大阪府生まれ
　　　　明治大学教授（教師教育政策・制度）
　　　　主要著書（共著）　浦野東洋一・羽田貴史編『変動期の教員養成』同時代社
　　　　訳書（共訳）　G.ウィッティー『教育改革の社会学』東京大学出版会

［教師教育テキストシリーズ2］
教職論

2012年4月5日　第1版第1刷発行
2017年8月30日　第1版第5刷発行

　　　　　　　　　　　　　　　　　　　編　者　　岩田　康之
　　　　　　　　　　　　　　　　　　　　　　　　高野　和子

発行者　　田中　千津子　　　〒153-0064　東京都目黒区下目黒3-6-1
　　　　　　　　　　　　　　電話　03（3715）1501　代
発行所　　株式会社 学文社　　FAX　03（3715）2012
　　　　　　　　　　　　　　http://www.gakubunsha.com

©Y. IWATA/K. TAKANO 2012　　　　　　　　　　印刷　新灯印刷
乱丁・落丁の場合は本社でお取替えします。
定価は売上カード，カバーに表示。

ISBN 978-4-7620-1652-3

教師教育テキストシリーズ
〔全15巻〕

編集代表　三輪　定宣

第1巻	教育学概論	三輪　定宣 著
第2巻	教職論	岩田　康之・高野　和子 共編
第3巻	教育史	古沢　常雄・米田　俊彦 共編
第4巻	教育心理学	杉江　修治 編
第5巻	教育社会学	久冨　善之・長谷川　裕 共編
第6巻	社会教育	長澤　成次 編
第7巻	教育の法と制度	浪本　勝年 編
第8巻	学校経営	小島　弘道 編
第9巻	教育課程	山﨑　準二 編
第10巻	教育の方法・技術	岩川　直樹 編
第11巻	道徳教育 改訂版	井ノ口淳三 編
第12巻	特別活動	折出　健二 編
第13巻	生活指導 改訂版	折出　健二 編
第14巻	教育相談	広木　克行 編
第15巻	教育実習	高野　和子・岩田　康之 共編

各巻：A5判並製カバー／150〜200頁

編集方針
① 教科書としての標準性・体系性・平易性・発展性などを考慮する。
② 教職における教育学の魅力と重要性が理解できるようにする。
③ 教職の責任・複雑・困難に応え，その専門職性の確立に寄与する。
④ 教師教育研究，教育諸科学，教育実践の蓄積・成果を踏まえる。
⑤ 教職にとっての必要性・有用性・実用性などを説明・具体化し，現場に生かされ，役立つものをめざす。
⑥ 子どもの理解・権利保障，子どもとの関係づくりなどが深められるようにする。
⑦ 教育実践・研究・改革への意欲，能力が高まるよう工夫する。
⑧ 事例，トピック，問題などを随所に取り入れ，実践や事実への関心が高まるようにする。